JN095193

条項解説

事例から学ぶ
システム開発契約書
作成の実務

［編集代表］潮見坂綜合法律事務所　吉羽真一郎

日本加除出版株式会社

は　し　が　き

　本書は、システム開発契約に関して、契約条項ごとにその重要性やリスクを理解し、成功裏にプロジェクトを遂行するための手段としての契約作成に焦点を当てています。

　システム開発プロジェクトには大小様々なものがあり、特に中小規模のシステム（ソフトウェア）開発については近時増加の一途を辿っていますが、それにもかかわらず、契約書についてはあまり実態に即していないものが実務上散見されます。その原因としては、開発スケジュールが厳しいため契約交渉について十分な時間が取れないことや、法務部門等の契約担当者がシステム開発の特殊性に十分に対応できていない等、様々考えられます。

　この点、独立行政法人情報処理推進機構による「情報システム・モデル取引・契約書」など、システム開発契約において大変参考になる先行成果物が複数ありますが、それらは大規模な開発を想定したものが多いと思われます。他方、前述のとおり、世の中のニーズが多いのは中小規模の開発と思われ、そういった契約においては、いわゆる準委任契約書や請負契約書の雛形的なものに少し手を加えた程度の契約が多いといえます。しかし、そのように作成した契約は、いざ紛争になった場合にほとんど役に立たないといっても過言ではなく、現に本書の執筆陣も、訴訟において「役に立たない」契約書に直面したことは一度や二度ではありません。

　そこで本書では、参考になる先例も踏まえながら、取り回しがよいながらも実のある契約書雛形を目指し、これに事例に即した解説を付することで、契約条項をどのように構築すれば良いかを示しています。また、雛形の条項例は、裁判経験の多い弁護士という執筆陣の強みを活かし、裁判において裁判官がどのような判断をするかも想定して内容を練っており、実践的なもの

といえます。なお、解説及び契約書雛形の立ち位置としては、ユーザ、ベンダの双方を想定しているため、なるべく公平な記述を心がけておりますが、実際に契約書として活用する場合には、自らの立ち位置に沿って適宜アレンジして頂ければと思います。

　本書が皆様の契約スキル向上に寄与できれば幸いであり、ひいてはプロジェクト成功の一助となることを願ってやみません。

2023 年 10 月

編集代表

弁護士　吉羽真一郎

凡　　例

1　裁判例集、雑誌等の略語

民集　→　最高裁判所民事判例集

集民　→　最高裁判所裁判集民事

判時　→　判例時報

判タ　→　判例タイムズ

2　裁判例表記の例

東京地判平成 22 年 4 月 8 日　→　東京地方裁判所平成 22 年 4 月 8 日判決

目　次

第2章　完成・未完成 50

第3章　契約不適合 67

第4章　請負と準委任

第7章　契約解除　　　　　　　　　　　　　　　　　　134

第8章　損害賠償　　　　　　　　　　　　　　　　　　150

第9章　知的財産権の帰属

第10章　不可抗力 198

付録　システム開発委託基本契約書 214

第1編
システム開発の
進め方と契約概論

第1章　システム開発の進め方

　システム開発（ソフトウェア開発）の手法は、一般的に、ウォーターフォール方式、アジャイル方式、スパイラル方式、プロトタイプ方式、といった方式に分類されます。このうち、裁判例に現れているものとしては圧倒的にウォーターフォール方式が多いといえますが、開発実務上は、特に小規模開発についてはその他の方式がとられる場合も多く、特に近時ではアジャイル方式が注目されています。ここでは、契約及び論点の解説を理解するために必要な範囲で、これらの開発方式に関する基礎的な内容を解説します。

1　ウォーターフォール方式

　ウォーターフォール方式とは、開発作業を複数の工程に分け、一つの工程が完了した後に次の工程に進むという方法で進める開発手法をいいます。最初の工程（上流工程）から、最後の工程（下流工程）に向かって水が流れるように一方通行で進められることから、ウォーターフォールの名が冠されています。

　工程は、一般的には「要件定義」「外部設計（基本設計）」「内部設計（詳細設計）」「プログラミング」「テスト」といった工程に分類されます。また、テスト工程は、単体テスト、結合テスト、システムテスト、運用テスト、といったように、さらに細分化されることが一般的です。また、最後に導入支援工程が入る場合もあります。

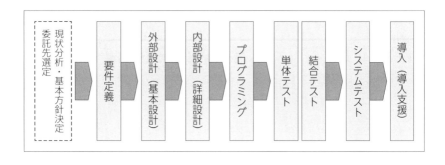

　各工程の作業内容は、以下のとおりです。

(1)　要件定義

　「要件定義」とは、開発対象となるシステムの内容を定義し、システム開発の範囲を確定する工程をいいます。定義すべき内容には、システムの機能そのものに関するもの（機能要件）と、機能自体ではない信頼性やセキュリティといったいわばシステムの質や性能に関するもの（非機能要件）の双方が含まれます。

(2)　外部設計（基本設計）

　「外部設計（基本設計）」とは、要件定義で特定された内容に基づき、画面、帳票、ユーザーインターフェースといったシステムの入出力に関する部分を設計する工程をいいます。この工程は、システムのうち、いわば外から「見える」部分を設計する工程であり、例えば画面のレイアウト、操作方法、出力する帳票類の書式やデザイン、といったものが設計の対象となります。

(3)　内部設計（詳細設計）

　「内部設計（詳細設計）」とは、外部設計の内容に基づき、システムの内部構造を設計する工程をいいます。内部構造とは、例えばシステムに含まれる各機能を繋ぐインターフェースの仕様や、プログラムのロジックなど、「外

部設計（基本設計）」とは逆に、外から「見えない」部分を設計する工程といえるでしょう。

(4)　プログラミング

　「プログラミング」は、文字通りプログラムを作成する工程をいいます。内部設計に基づいて、プログラミング言語を用いてプログラムを作成します。このプログラミングの工程を指して「開発」と呼ばれることもあります（システム開発全体を指す「開発」が「広義の開発」であることに対して、プログラミングは「狭義の開発」といえます。）。

　作成されるプログラムの種類としては、大きく分けて「ソースコード」と「オブジェクトコード」があります。ソースコードとは、プログラミング言語によって書かれたテキストのことをいい、人間が読める形式で表現されているプログラムです。これに対してオブジェクトコードとは、ソースコードをコンパイラ（ソースコードからオブジェクトコードを作成するためのソフトウェア）でコンパイルすることによって作成される数字の羅列をいい、その内容は人間がそのまま理解できる形式ではありません。つまり、プログラミングとは、プログラマーがプログラミング言語を用いてソースコードを作成し、これをコンパイラでコンパイルすることでオブジェクトコードを作成するという作業をいいます。プログラムを実行するということは、オブジェクトコードで構成されたモジュール（ひとまとまりの機能を持ったプログラムの集合体）を実行することをいいます。

(5)　テスト

　「テスト」は、文字通り作成したプログラムをテストする工程ですが、この工程は前述のとおり、単体テスト、結合テスト、システムテスト、運用テストなどにさらに分類され、この順番で実施されます。

　単体テストとは、システム（ソフトウェア）を構成する最小単位のモジュールごとに実施するテストであり、それぞれのモジュールが詳細設計等の仕様どおりに動作するかどうかを検証する工程をいいます。

　結合テストは、これらのモジュールのうち一連のものを結合し、仕様どおりに動作するかどうかを検証する工程をいいます。

　システムテストは、システム全体として仕様を満たしているかどうかを検証する工程をいいます。

　運用テストは、システムを実際の業務の流れに沿って稼働してみて、仕様を満たしているかどうかを検証する工程です。このテストは、擬似的な本番運用環境において行われることが一般的です。

　なお、これらのテストの名称には、統一的な定義は特に無いため、ベンダやプロジェクトによって微妙に異なる場合もあるため、注意が必要です。

2　アジャイル方式

　アジャイル方式とは、開発対象となるシステムを小さな単位で区切り、その単位ごとに、短期間で実装とテストを繰り返し、開発を見直す手法をいいます。アジャイル方式では、開発する機能の追加・変更や、開発の優先順位について、随時変更が生じることが前提とされており、また、一旦リリースした後も、利用者からのフィードバックに対応して機能追加や改善が行われることも想定されています。

　「アジャイル」とは、本来、開発の方法だけでなく、考え方や個々の手法といった多数の概念を含む用語であるといわれています。さらに、「アジャイル」といっても開発手法が一つに特定されているわけではなく、その中には「スクラム」や「XP」といった複数のアプローチがあり、また、その中でも厳格な決まりや規範・基準があるわけではありません。このように、「アジャイル」とは雲を掴むような用語ではありますが、その要素を抽出してまとめると、前述のような説明になります。これを図に表すと、以下のとおりです。

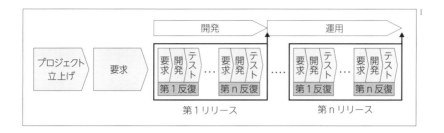

　アジャイル方式はウォーターフォール方式と異なり、各工程が不可逆的ではありません。また、開発当初に最終成果物の仕様を決定することもありません（ウォーターフォール方式では、原則として、要件定義で定めた仕様に特定されます。）。このように、アジャイル方式とウォーターフォール方式は、システム開発手法としては大きく異なるものですが、一般的には、アジャイル方式は小規模〜中規模開発向き、ウォーターフォール方式は大規模開発向き、といわれています。ただ、ウォーターフォール方式については、実務上、特に大規模なものでなくても利用されていますので（逆に、アジャイル方式で大規模開発を行うという事例は少ないと思われます。）、開発規模で方式を決定できるわけではありません。いずれにせよ、アジャイル方式とウォーターフォール方式では、開発委託契約の内容は大きく異なってきますので、契約を検討する際には、そのプロジェクトでいかなる開発手法を採用するのかを正確に把握することが非常に重要です。

3　その他（スパイラル方式、プロトタイプ方式）

　以上の二種類の開発手法の他に、従来からいわれている手法として、スパイラル方式及びプロトタイプ方式という方式があります。

　スパイラル方式とは、開発対象システムをいくつかの機能ごとに区分して開発し、その区分ごとに「設計→プログラミング→テスト」という工程を繰り返しながら、全体の完成度を上げていくという開発手法です。開発する機

---

[1] 独立行政法人情報処理推進機構「アジャイル領域へのスキル変革の指針　アジャイル開発の進め方（2020年2月）」を元に作成。

能を細分化することや、工程を繰り返して完成に向かうといった点が、前述のアジャイル方式と類似しますが、両者は、アジャイル方式では、細分化した機能について品質が保証されたもの（リリース可能なもの）を期間内に提供することを繰り返すのに対し、スパイラル方式では、まず期間内で機能を完成した上で、その後に品質を向上していく、という点に違いがあるとされています。

　プロトタイプ方式とは、開発対象システムを試作して発注者に提供し、その評価を経てさらに改善する、というプロセスを繰り返しながら進める開発手法です。

　スパイラル方式も、プロトタイプ方式も、いずれもアジャイル方式と同じく、ウォーターフォール方式よりも中小規模のシステム開発向きであるといわれています。また、全体の工程として不可逆ではないことや、途中で要件の追加・変更があり得る（それを前提とした開発手法である）点も、アジャイル方式と類似し、また、ウォーターフォール方式と異なる部分といえます。

第２章　システム開発委託契約〜ウォーターフォールを中心として

　以下では、システム開発委託契約について解説します。契約条項に関する個別的な論点や、具体的な条項案については、第２編において個別に解説することとし、第１編では、システム開発委託契約に関する総論的な解説をします。なお、本書では、ウォーターフォール方式を中心として取り上げます。理由は以下のとおりです。

　すなわち、前述のとおり、ウォーターフォール方式は大規模なシステム開発向きの方式といわれてはいるものの、中小規模の開発に適用することも可能であり、実務上も従来から多用されている方式であって、現在でも、最もポピュラーな開発方式であるといえます。また、アジャイル等の非ウォーターフォール方式の場合、その開発手法自体に特色があることから、契約ではその手法を具体的に定めることが重要となりますが、その具体的な内容（プロジェクトの進め方）はプロジェクトにより様々であり、特にアジャイル方式の場合、前述したとおり手法自体に定型的なものが無いこともあって、汎用性があまり高くないといえます。これに対してウォーターフォール方式の場合は、各工程について歴史的にある程度共通の認識が形成されていることや、最初の工程から最終成果物の完成まで一本道で進むというある意味シンプルな開発手法ということもあって、契約では、具体的な開発手法には特に主眼が置かれないため、契約として定型的な内容が観念できるという面があります。さらに、前述のとおり中小規模の開発に適用することも可能であって、それは契約においても同様であり、本書で解説する内容は、大規模開発のみならず中小規模の開発にも十分参考にできます。

　以上の理由により、契約については、ウォーターフォール方式を中心として解説することが有益であるといえます。

1　法的性質（請負と準委任、工程別の法的性質）

　システム開発委託契約の法的性質は、一般的に、請負契約か準委任契約か、という観点から議論されることが多いといえます。これは、ユーザを発注者とし、ベンダを受託者とするシステム開発委託契約において、その契約の趣旨が、システムを完成させること（仕事の完成）であれば請負契約、開発作業を遂行することであれば準委任契約、であるという議論です。請負契約と準委任契約の比較については、第2編第4章90～91頁にまとめるとおりです。

　請負と準委任のいずれが有利であるということは、一概にはいえません。ただ、システムが未完成だった場合、請負契約の場合は原則としてベンダには報酬請求権が発生せず、出来高がある場合には出来高割合に応じた報酬が請求できるだけである一方、準委任契約の場合は、作業を遂行していればベンダに報酬請求権が認められるというのが原則といえます。そうすると、システムが未完成であった場合において、契約の性質が契約書上不明確だった場合は、請負契約なのか準委任契約なのかの解釈が争点になることがしばしばあり、ごく基本的な見方でいえば、未完成であれば対価の支払いを免れる請負契約の方がユーザに有利、未完成であっても作業分の対価を請求できる準委任契約の方がベンダに有利、という比較が可能です。ただし、実際は、請負契約において未完成であっても出来高分の報酬請求権が認められる場合もある等、必ずしも契約の性質の違いで効果が真っ二つに区別されるというわけでもないため、裁判実務上は、契約の性質論だけで結論が決まるわけではありません。とはいえ、大きな争点になる場合も多いため、契約の性質を契約書上明確に記載しておくことは非常に有益です。

　なお、後述する多段階契約の場合、各工程の性質に応じて、要件定義工程及びテスト工程は準委任契約、設計及び開発工程は請負契約に分類されることが多いといえますが、必ずそうしなければならないわけではありません。

2　多段階契約と一括契約

　システム開発委託契約においては、全体として一本の契約を締結するという契約方法（一括契約）以外に、工程ごとに複数の契約を段階的に締結して

いくという契約方法（多段階契約）がとられる場合がしばしばあります。特にウォーターフォール方式の場合は、段階的に工程が進んでいく方式であるため、多段階契約になじみやすいです。

　多段階契約では、前述した各工程（要件定義、基本設計、詳細設計、テスト）について、工程ごとに、あるいは「要件定義工程」「設計（外部・詳細）～プログラミング工程」「テスト工程」というように性質が共通する工程をまとめて、順に契約を締結していくという方法がとられます。

　これに対して一括契約は、開発開始から最終成果物の完成までを一本の契約でまとめる契約方式をいいます。一般的には、開発規模が大きい場合には多段階契約とする場合が多く、規模の小さめの開発は一括契約とする傾向があります。

　多段階契約は、前の工程の完了を見極めた後に、次の契約を締結するのが原則です。他方、一括契約は、一本の契約を最初に締結するのが原則です。そうすると、各契約方法には、ユーザ（発注者）とベンダ（受託者）のそれぞれにおいて、以下のようなメリット・デメリットが考えられます。なお、下記のメリット・デメリットはごく一般的な観点からの指摘であり、契約条件によっては当てはまらないものもあります。

		ベンダ	ユーザ
多段階契約	メリット	①契約ごとの費用見積もりの正確性が高い。 ②後の工程において契約未履行になったとしても、以前に完了済の工程に係る契約には影響が無い。 ③プロジェクト途中で離脱できる余地を残している。	①ベンダメリット①と同じ。 ②開発作業の進捗状況に応じて、開発を継続するか中止するか判断しやすい。 ③途中の工程からベンダを変更できる。
	デメリット	①次の工程の契約締結は保証されていない。 ②契約締結手続が煩雑。	①開発当初には最終成果物の完成が約束されない。 ②最終成果物が完成しなかった

多段階契約	デメリット		としても、完了した工程に係る契約については対価の支払義務を負う。 ③ベンダが途中で降りてしまう可能性がある。 ④全体のコストを把握しにくい。 ⑤ベンダデメリット②と同じ。
一括契約	メリット	①プロジェクト全体を一括して受注できる。 ②途中の工程で遅れる等の問題が生じたとしても、最終納期までに完成させれば債務不履行を免れられる。 ③契約手続が契約一本分で済む。	①開発開始時点から、最終成果物の完成が約束されている。 ②最終成果物が完成しなければ、理論上は、報酬の支払義務は無し（ただし一部完成の場合は、完成割合に応じた支払義務がある場合もある。）。 ③全体のコストを当初から把握しやすい。 ④ベンダメリット③と同じ。
	デメリット	①当初契約の時点で全体の費用を定めなければならず、実作業と費用の乖離が大きくなるおそれがある（追加費用の交渉が発生するリスクが高い。）。 ②最終成果物が未完成の場合、相当の作業をしていたとしても報酬がもらえない可能性がある。 ③プロジェクトの進行に難があったとしても、中途解約が困難な場合が多い。	①ベンダデメリット①と同じ。 ②プロジェクトの進捗を管理しにくい。 ③ベンダデメリット③と同じ。

　それぞれのメリット・デメリットについて、以下、解説します。

(1) 多段階契約のメリット・デメリット

ア ベンダ側

(ア) メリット

　多段階契約におけるベンダ側のメリットとしては、契約ごとの費用見積りの正確性が、一括契約に比して高いということがあります（ベンダメリット①）。これは、多段階契約の場合、工程を細かく区切って契約締結するため、また、後の工程は前工程の結果を参照して工数等の見積りが可能なため、契約ごとの工程における作業内容や成果物の内容が、ある程度正確に見積もれるからです。

　また、工程が中途で頓挫しても、それ以前に完了した工程に係る契約には基本的には影響は無く、完了済の契約分の対価を取得する権利は失われません（ベンダメリット②）。これは、多段階契約における各契約がそれぞれ独立した契約だからです[2]。

　さらに、ベンダとしては、段階的な契約の締結ごとに、プロジェクトを継続受注するか、その段階で離脱するかの判断が可能です（ベンダメリット③）。これも、多段階契約の各契約が独立した契約であることの帰結です。例えば、途中の工程まで完了した結果、最終成果物の完成までには当初の想定よりも遙かに期間や費用がかかる予想となった、といった場合は、ベンダとしては、次の工程の契約を締結せずにプロジェクトを離脱するという判断も重要となります。

(イ) デメリット

　これに対して、多段階契約におけるベンダ側のデメリットとしては、まず、次の工程の契約締結が保証されていないということがあります（ベンダデメリット①）。これは、プロジェクト途中の離脱の容易さ（ベンダメリット③）と表裏の関係なので、やむを得ないともいえます。ただ、次工程の契約締結をユーザ側から拒否されてトラブルになることも実際にあるため、注意が必

---

[2] 個別契約の解除が他の個別契約に与える影響については、第2編第7章「契約解除」参照。

要です。これは例えば、ある工程の費用が当該個別契約上の定めより嵩んでしまったが、ユーザとしては契約の規定以上の対価は支払えないため、次の工程の個別契約の費用に上乗せすることで調整する、といった辻褄合わせが、ユーザ・ベンダ間では、暗黙に、時には明示的に合意されることが、実務上はしばしば見受けられます。しかし、そのような状況において、結局、ユーザが次工程以下の契約を締結しないと判断すると、ベンダとしては、実作業を下回る費用しかもらえないという結果になってしまいます。このように考えると、ベンダとしては、ある工程において追加費用が発生しているような場合は、次工程の個別契約の締結が約束されていない以上、安易に次の工程の費用での精算といったことは考えず、現在の個別契約における対価の変更を合意するといった対応を検討すべきということになります。

　また、これはベンダとユーザの双方に当てはまりますが、多段階契約の場合、契約が複数になるため、その交渉や締結手続が煩雑になるという点もデメリットです（ベンダデメリット②）。

イ　ユーザ側

㈠　メリット

　多段階契約におけるユーザ側のメリットとしては、契約ごとの費用見積りの正確性が、一括契約に比して高いということがあり（ユーザメリット①）、これはベンダ側のメリットと同様です。

　また、開発作業の進捗状況に応じて、プロジェクトを進めるか中止するかを判断できることもメリットです（ユーザメリット②）。ある工程終了時点で、プロジェクトの進捗が思わしくないと思われた場合、その工程をもってプロジェクトを終了するという判断が、多段階契約であれば契約ごとに可能です。なお、この点は、プロジェクト途中で離脱できるというベンダのメリット（ベンダメリット③）と同様です。

　さらに、途中の工程から別ベンダに発注するということが、理論上は可能です（ユーザメリット③）。ただし、理論上は各契約・各工程が独立しているとはいえ、実際の作業上は、途中から別のベンダに委託するのはあまり現実

的ではないため、注意が必要です。

(イ) デメリット

多段階契約では、最初の契約（例えば要件定義工程の契約）を締結した段階では、最終成果物の完成まで契約で合意されていない（ユーザデメリット①）、最終成果物が完成しなくても途中の工程についての報酬支払義務が発生する（ユーザデメリット②）、ベンダが途中で降りてしまう可能性がある（ユーザデメリット③）、といったデメリットがユーザ側には考えられます。ただ、これらは多段階契約のユーザ側メリットの裏返しともいえますので、これらのデメリットよりも前述のメリットの方が大きい場合に、多段階契約を選択すべきといえるでしょう。

また、工程ごとの報酬は、各契約で定めることになるため、プロジェクト全体の総コストの予測がつきにくいというデメリットもあります（ユーザデメリット④）。実務上は、後述する基本合意や基本契約において、総コストの概算についてベンダ・ユーザ間で認識を共有することもありますが、工程が進むに従って変更される場合（ほとんどの場合は増額）も多いため、注意が必要です。

(2) 一括契約のメリット・デメリット

ア　ベンダ側

(ア) メリット

一括契約におけるベンダ側のメリットとしては、プロジェクトの最初から最後までを一括して受注できるということがあります（ベンダメリット①）。この場合、契約が解除されない限り、プロジェクト途中で別のベンダに変更されてしまうことはありません。

また、一括契約において、作業の途中経過について詳細に定めない場合には、プロジェクトの進捗状況がどうであったとしても、最終納期までに最終成果物が間に合えば、ベンダとしては義務を完遂したことになります（ベンダメリット②）。なお、一括契約であっても、具体的なスケジュールを契約上

定めたり、中間成果物の納品等を定めたりすることで進捗管理がなされることもあり、そういった場合は、その定めに従う必要があります。

　さらに、一括契約の場合、原則として契約は一本ですので、契約締結の作業は多段階契約に比して軽くなるといえます（ベンダメリット③）。

〔イ〕　デメリット

　一括契約では、通常、対価を盛り込みますが、プロジェクト開始前に最終的な金額を見積もるのは困難な場合もあり、結果として実作業よりも報酬額が低廉になってしまうことが考えられます（ベンダデメリット①）。

　また、システム開発委託契約一本の場合は、全体として請負契約となることが多いと思われますが、その場合、最終成果物が未完成だと、ベンダとしては報酬がもらえないリスクもあります（ベンダデメリット②）。未完成であっても、一部が完成していれば完成割合に応じた報酬請求が可能な場合もありますが、成果物が無くとも相応の作業を行っていることもあり（例えば要件定義工程）、そのような場合は結局のところ報酬請求ができない可能性もあります。

　さらに、プロジェクトの途中で離脱するためには、契約を解除する必要がありますが、ベンダの都合だけで解除できるわけではありません（ベンダデメリット③）。例えば、ユーザ側が非協力的であるなどの理由により、成果物の完成が困難であることが早期に見込まれる場合や、完成したとしても契約上合意された報酬額を大幅に上回る工数がかかる見込みの場合など、ベンダ側としてはプロジェクト途中で離脱したい状況もあり得ます。このような場合、多段階契約であれば、次工程の契約を締結しないといった方法での離脱も可能ですが、一括契約の場合は、解除事由に該当しない限りは契約を途中で終了できません。ユーザの協力義務違反の場合など、理論上は解除事由に該当する債務不履行があったとしても、その存否や解除事由該当性が争いになる可能性もあるため、契約の解除は通常は容易ではありません。ただ、これはプロジェクト全体を受注できていることとのトレードオフなので、やむを得ない部分ではあります。

イ　ユーザ側

㋐　メリット

　一括契約におけるユーザ側のメリットは、最初の契約時点において、最終成果物の完成までベンダに義務づけられる点です（ユーザメリット①）。多段階契約の場合、途中の工程でベンダが離脱してしまう可能性もありますが、一括契約では原則として契約相手であるベンダが最後まで責任を持つことが、最初の契約で約束されています。

　また、一括契約の場合、全体として請負契約であることが通常なので、最終成果物が完成しなければ対価の全部又は一部の支払いを免れることができます（ユーザメリット②）。

　さらに、一括契約の場合は、契約に対価の総額が記載されることが通常であり、全体のコストを把握しやすいといえます（ユーザメリット③）。

　なお、一括契約の場合、原則として契約は一本ですので、契約締結の作業は多段階契約に比して軽くなる点は、ベンダのメリットと同様です（ユーザメリット④）。

㋑　デメリット

　これに対して、契約時の対価金額と実作業との乖離が発生するおそれがあることは、ベンダにとってもデメリットですが、ユーザにとっても同じくデメリットといえます（ユーザデメリット①）。そのような場合、対価の増額要求がベンダからなされる可能性があるからです。

　また、プロジェクトの進捗をユーザ側から管理しにくい可能性があります（ユーザデメリット②）。

　さらに、プロジェクト途中でベンダの変更が難しいという点があります（ユーザデメリット③）。

⑶　メリット・デメリットを踏まえた契約上の手当の方法

ア　多段階契約

㈠　ベンダ目線

　ベンダメリット②は理論上は前述のとおりですが、最終成果物が完成しなかった場合、やはりユーザ側が、それ以前の工程に係る契約の報酬支払義務を争ってくることは、実務上しばしばあります。ユーザ側としては、途中の工程が完了していても、最終成果物が無ければ全く意味が無いことも多いと思われますので、やむを得ないところではあります。しかし、ベンダ側としては、せっかく契約を多段階に分けているのに、完了済の工程について報酬が得られないのは、多段階契約にした意味が薄れてしまいます。そこで、契約において、履行済の部分について、各契約は相互に影響しないという趣旨の条項を定めることができれば、ベンダにとっては大変有利です。

　また、ベンダメリット③についても、理論上は前述のとおりですが、ユーザにとっては、途中から他ベンダに開発を引き継ぐことは事実上困難であったり、費用が嵩んでしまうことがしばしばあります。そうすると、ベンダが次工程以降の契約の締結を拒絶したとしても、ユーザ側からは、契約締結義務の存在を主張される可能性もあります。そのような主張をされないためには、多段階契約における次工程の契約義務はないことを、契約上明記しておくという方法があります。ただ、これはベンダ・ユーザ双方に作用する条項になると解されますので、ベンダとしては、次工程の契約が保証されていないということもまた明確になるという点は留意が必要です。

㈡　ユーザ目線

　これに対して、ユーザ側からすれば、多段階契約とはいえ、最終成果物が完成しなければ途中の工程が全く無駄である場合もあります。そうすると、最終成果物が完成しなかった場合に、遡ってそれ以前の契約についても解除・返金請求できるという規定が置ければユーザにとっては有利です。ただ、前述のとおり、多段階契約は独立した複数の契約を段階的に締結していくことが特徴ですので、各契約間にそのような関連性を持たせることは、そ

もそも多段階契約の本質を変更するものであり、多段階契約という方式を選択した意味が減殺されてしまいます（その要請が強いのであれば、むしろ一括契約を選択すべきでしょう。）。よって、いたずらに各契約間に関連性を持たせるのではなく、多段階契約の性質やメリット・デメリットを十分理解した上で、多段階契約を選択することが肝要といえるでしょう。

　逆に、多段階契約におけるユーザメリット②③を確保するためには、各契約が独立しており次工程の発注義務は無いことを契約上明記しておく方が望ましいといえます。

イ　一括契約
(ア)　ベンダ目線
　一括契約では、最初に契約上定めた対価の金額と、実作業の分量が乖離するリスクがあり、これはベンダにとって大きなリスクとなります（ベンダメリット①）。そこで、作業分量が想定よりも増加した場合には、対価の増額を請求できる定めを置くことが望ましいといえます。

　また、プロジェクトの途中で離脱しにくいこともデメリットの一つといえますので（ベンダデメリット③）、プロジェクト途中で解除又は契約見直しが可能となるような条項を置くことも考えられます。ベンダが、プロジェクトの途中で離脱したい場合というのは、そう多くないと思われますが、例えばユーザの非協力というのは、大きな理由の一つでしょう。ユーザの非協力には、ベンダからの質問事項にユーザが回答してくれない、ユーザが過大な要求を出し続ける、要件の追加・変更の要求が繰り返される、といったものが考えられます。これらを踏まえてユーザの協力義務を具体的に規定することで、ユーザの非協力的行為があった場合に、契約を解除してプロジェクトを離脱できるようにしておくことが、ベンダにとっては望ましいといえます。

(イ)　ユーザ目線
　一括契約におけるユーザのデメリットの一つとして、プロジェクトの進捗管理がしにくいということがあります（ユーザデメリット②）。これについて

は、契約でプロジェクトのスケジュールをできるだけ具体的に定めることで回避することができます。例えば、途中の工程における中間成果物の納品及び納期を具体的に定めておけば、納品が遅れた場合には債務不履行を理由としてユーザ側から解除することも可能となります。これにより、具体的な進捗管理が可能となり、プロジェクトの進行が悪かった場合には途中解約をすることもできます。

3　基本契約と個別契約

(1)　基本契約と個別契約の意義

　多段階契約の場合は、当該プロジェクト全体に共通に適用される条項等を規定した「基本契約」と、工程ごとに締結する「個別契約」が締結される場合が多いといえます。

　基本契約は、当該プロジェクトに共通する進め方や手順、個別契約の締結方法、契約の変更方法、資料の提供方法、といった内容の他、守秘義務、個人情報の取扱い、権利譲渡禁止、解除、管轄といったいわゆる一般条項が規定されることが一般的です。これに加えて、プロジェクト全体の予算、最終納品物、最終納期といった、プロジェクトの重要な要素を規定しておく場合もあります。

　これに対して個別契約は、前述したように、各工程（要件定義、基本設計、詳細設計、テスト）について、工程ごとに、あるいは「要件定義工程」「設計（外部・詳細）～プログラミング工程」「テスト工程」というように性質が共通する工程をまとめて契約をします。

　基本契約がどの程度の法的拘束力を有するかが問題になる場合もあります。例えば、基本契約のみが締結され、個別契約について書面が取り交わされる前に開発が進んで頓挫した場合などにおいて、基本契約上の債務不履行を主張したり、基本契約に基づいて報酬請求ができるかどうか、という場合に問題が顕在化します。これは最終的には基本契約の規定の仕方や規定されている項目の内容によるものの、ベンダ・ユーザ間の具体的な権利義務関係は個別契約で規定することが前提となっていることからすると、秘密保持義

務や解除条項といった一部の条項を除き、基本契約それ自体には具体的な法的拘束力が認められない条項も多いといえるでしょう。よって、基本契約を締結しただけで開発を進めるということは、ベンダのみならずユーザにとってもリスクがあることを認識しておく必要があります。

(2) 個別契約における工程の分け方

　個別契約は工程ごとに契約を締結するものですが、必ずしも各工程につき個別契約が一つ存在しなければならないわけではなく、いくつかの工程をまとめて一つの個別契約にする方が効率的であり、実務上もそのように締結されることが多いといえます。

　個別契約の分け方は様々な考え方があります。例えば、多段階契約のメリットと契約の効率のバランスを鑑みると、「要件定義工程」「設計（外部・内部）〜プログラミング工程」「テスト工程」のように、法的性質（請負又は準委任）が共通する工程をひとまとまりにするのが合理的です。この点、経産省モデル契約では、「要件定義工程」「外部設計工程」「詳細設計・プログラミング工程・システムテスト工程」「運用準備・移行」という区分けを前提としています。これに対して、「要件定義工程」と「それ以降の工程」の二段階に分けるという考え方もあります。

　なお、実務上は、基本契約と個別契約という形式はとりつつも、個別契約が一括請負契約一本という場合もあります。自社の基本契約のひな形を使用しつつ、個別契約を複数に分けるほどの案件ではない場合などはそのようになります。この場合、実質的には多段階契約ではないので、基本契約と個別契約を統合して全体として一本の契約にしてしまうということも考えられますが、いずれにせよ、形式面にとらわれずに、基本契約と個別契約の位置付けや意味合いをきちんと把握した上で契約書を作成することが重要です。

(3) 基本契約書のより上位に存在する「基本合意書」

　実務上、基本契約書の締結に先立って、「基本合意書」が締結される場合もあります。多段階契約の場合、プロジェクトに要する費用の総額や、最終

納期は、段階を経て確定していくものですので、理論上は、プロジェクト開始当初は明確ではありません。しかし、特にユーザからすれば、費用の総額や最終納期を決めずにプロジェクトを実施することは現実的ではないため、最初の時点で何らか定めておきたいところであり、そのようなニーズを満たすために、費用総額や最終納期を記載した基本合意書を締結するということが、実務上行われています。ただし、最初の段階で費用総額や最終納期を確定してしまうことは、これまで述べてきたような多段階契約の性質と矛盾しますので、基本合意書の内容は法的拘束力を有しないものとすることが一般的です。それゆえ、紛争になった場合、基本合意書のみに基づいて権利義務の発生を必ずしも主張できるわけではありませんが、とはいえ何も書面が無いよりは、一定の指標にはなり得るという意味で、特にユーザにとっては有益であるといえるでしょう。

　以上のような、基本合意書、基本契約書、個別契約書の関係を図示すると、次の図のようになります。

(4)　個別契約の解除が効果を及ぼす範囲
　基本契約と個別契約という契約の階層や、複数の個別契約が並列的に存在

する場合、一つの個別契約の解除が、他の契約にどのような影響を及ぼすか
が問題となります。この点については、第2編第7章にて詳述します。

第3章　民法改正と　システム開発契約

　平成29年（2017年）5月26日、民法の一部を改正する法律が成立し、同年6月2日に公布されました。これは、いわゆる債権法の改正と呼ばれているもので、改正された民法（以下「改正民法」といいます。）は令和2年（2020年）4月1日から施行されています。

　前述のとおり、システム開発委託契約は、請負契約又は準委任契約の性質を有するものですので、システム開発委託契約にも改正民法の影響が及びます。

　改正民法の詳しい解説は専門書に譲るとして、ここでは、システム開発委託契約に直接的に影響がある改正箇所について、解説します。

1　概観

　改正民法では債権法全般について改正されていますが、システム開発委託契約に関していえば、従来からの一般的なシステム開発委託契約であれば大きな影響がある部分はそう多くありません。例えば、瑕疵担保責任についての規定が全面改正されましたが、従来からの一般的なシステム開発委託契約では、瑕疵担保責任について、民法の規定ではなく契約で独自に定めていることがほとんどですので、民法の改正の影響は多くありません。よって、従前からの契約書を即座に全面的に見直す必要性が高いというわけではありません。他方、契約書がなかったり、そこまで具体的な規定がない場合などは、改正民法が適用されますし、契約交渉においても、改正民法の規定がベースとなって交渉が進むこともありますので、改正民法の内容を把握しておくことは重要です。

　次項以下では、特に影響があると思われる、①債務不履行解除の要件、②請負に関する改正、③成果報酬型の準委任、について解説します。

2　改正点の解説

(1)　債務不履行解除の要件

　従来の民法（以下「旧法」といいます。）では、債務不履行により契約を解除する場合は、解除される側の帰責事由が必要であると考えられていました。しかし、改正民法では、債務不履行解除の要件として帰責事由は不要であるとされました。

　システム開発委託契約における解除は、例えばベンダによる作業遅延や納期徒過（未完成）を理由としてユーザが解除する場合などが典型的ですが、その他に、ユーザの協力義務違反に基づきベンダから解除するというケースも想定されます。旧法では、前者においては作業遅延・納期徒過についてベンダ側の帰責事由が、後者では協力義務違反についてユーザ側の帰責事由が、それぞれ必要でしたが、改正民法では、帰責事由の有無を問わず契約解除が可能となりました。

　ただし、改正民法でも、解除する側に帰責事由がある場合は、契約の解除はできません（543条）。例えば、ベンダの納期徒過がユーザの協力義務違反に起因するものであるような場合は、ユーザから解除することはできません。

　なお、債務不履行に基づく損害賠償請求のために故意過失が必要であることは、従来と同様です。

(2)　請負に関する改正

　システム開発委託契約は請負契約の性質を有する場合が多いため、民法の請負の規定が適用される場合も多いといえます。その中で、契約不適合責任（旧法の瑕疵担保責任）及び報酬の規定は、システム開発委託契約に及ぼす影響が大きいため、以下、解説します。

ア　契約不適合責任

　仕事の目的物が契約の内容に適合しない場合の請負人の担保責任について、現代社会においては売買の担保責任と大きく異なる規律とする合理性が乏しいとの理由で、改正民法では、基本的に売買の担保責任の規定を準用し

た上で、売買と重複する規定や合理性の認められない規定（旧法634条、635条、638条~640条）を削除するなどして規定が整理されました。なお、請負に特有の担保責任に関する規定としては、改正民法第636条、第637条があります。

　これにより、改正民法では、注文者は、仕事の目的物が契約の内容に適合しない場合には、請負人に対し、①履行の追完請求、②代金減額請求、③損害賠償請求、④契約の解除、をすることができることとなります。①②はそれぞれ562条及び563条の準用であり、③④は債務不履行による損害賠償及び契約の解除の一般的な規定（564条、415条、541条、542条）が適用される結果です。

　さらに、このような担保責任の期間制限についても改正されています。すなわち、旧法では、仕事の目的物に瑕疵があったときは、注文者は目的物の引渡の時又は仕事の終了の時から1年以内に瑕疵の修補、契約の解除又は損害賠償の請求をしなければなりませんでした。これが改正民法では、注文者は、目的物の種類又は品質に関して仕事の目的物が契約の内容に適合しないことを知った時から1年以内にその旨を請負人に通知しなければ、その権利を行使することができないと定められています（637条1項）。期間制限の点は、旧法では「引渡」から1年であったところが、改正民法では「知った時」から1年以内とされましたので、改正民法では、最長10年間（一般的な債権の客観的時効である166条1項2号）にわたって責任の追及ができます。また、権利の保全には「通知」で足りるという点も、旧法の「請求」をしなければならないという点から改正されています。このように、いずれも注文者側に有利に改正されたといえます。

　なお、これらの改正民法の規定は全て任意規定ですので、契約によりその内容を変更することができます。

イ　請負人の報酬

　従来は、請負契約において仕事が中途で完成しなかった場合の報酬に関する明文の規定はなく、完成割合に応じた報酬請求が可能であるという判例理

論（大判昭和7年4月30日、最判昭和56年2月17日）により判断されていました。改正民法ではこれを明文化し、注文者の責めに帰することができない事由によって仕事を完成することができなくなった場合又は請負が仕事の完成前に解除された場合において、請負人は、既にした仕事の結果が一定の要件を満たすときは、注文者が受ける利益の割合に応じて報酬を請求することができるという規定が新設されました。

　具体的には、①注文者の責めに帰することができない事由によって仕事を完成することができなくなった場合、又は②請負契約が仕事の完成前に解除された場合において、既にされた仕事の結果のうち、可分な部分の給付によって注文者が利益を受けるときは、その部分を仕事の完成とみなし、請負人は、その利益の割合に応じて報酬を請求することができる、という規定が新設されました（634条）。

　請負人の報酬請求の根拠規定について、従来の民法と改正民法を比較すると、以下のとおりです。

	注文者に帰責事由	請負人に帰責事由	双方に帰責事由無し
従来の民法	報酬全額の請求が可能（536条2項）	完成割合に応じて報酬請求可能（解釈）	完成割合に応じて報酬請求可能（解釈）
改正民法	報酬全額の請求が可能（536条2項）	完成割合に応じて報酬請求可能（634条）	完成割合に応じて報酬請求可能（634条）

(3) 成果報酬型の準委任

　委任（準委任）については、報酬について改正がなされています。

　まず、旧法では、履行の途中で委任が終了した場合、受任者（ベンダ）に帰責事由ある場合は報酬請求できないこととなっていましたが、改正民法では、受任者（ベンダ）の帰責事由の有無は報酬請求とは無関係に改正されました。受任者に帰責事由があったとしても、委任事務の一部が履行されたのであれば、その履行された分に対しては履行の割合に応じて報酬を請求することができるとするのが合理的だからです。

　また、通常の事務処理に対する報酬に加えて、成果に対して報酬を支払う形式の規定が新設されました。これにより、その成果が引渡しを要するものである場合には、報酬の支払いは成果の引渡と同時になされることとなりました（648条の2第1項）。この改正は、システム開発委託契約に関して以下のような影響があります。すなわち、「完成」との関係について、従来は、請負と準委任のうち請負契約の性質を有する場合にのみ、「完成」が報酬請求の条件となっていましたが、この改正により、契約が準委任の性質を有すると判断される場合であっても、それが「成果」型の準委任の場合は、「成果の引渡し＝完成」が報酬請求の条件となると解されます。システム開発委託契約においては、準委任契約の場合であっても、併せて納品物や納期の定めが置かれることも実務上一般的に行われていますが（例えば要件定義工程の契約において、納品物として要件定義書を記載してある等）、今後はそのような契約は、準委任であっても成果物の納品が報酬請求の条件となると解されます。もし、そういった条件付けを望まない場合は、成果報酬型の準委任と解釈されないよう契約内容を注意する必要があります（例えば要件定義工程におけるベンダの役割はあくまでも支援であって成果物の製作はベンダの役割ではないというスタンスであれば、納品物は記載しない等）。

　以上、委任が履行の途中で終了した場合の報酬請求について、新旧比較を表にまとめると次のとおりです。

	委任者に帰責事由	受任者に帰責事由	双方に帰責事由無し
旧法	報酬全額の請求が可能（536条2項）	完成割合に応じた報酬請求は不可（648条3項）	完成割合に応じた報酬請求可能（648条3項）
改正民法（通常型）	報酬全額の請求が可能（536条2項）	完成割合に応じた報酬請求可能（648条3項）	完成割合に応じた報酬請求可能（648条3項）
改正民法（成果報酬型）	報酬全額の請求が可能（536条2項）	完成割合に応じた報酬請求可能（648条の2第2項、634条）	完成割合に応じた報酬請求可能（648条の2第2項、634条）

第2編
紛争を想定した
契約条項の作り方

第1章 プロジェクトマネジメント 義務とユーザの協力義務

Q 事例

X社（ユーザ）は、自社において従前使用していたシステムに替わる新たなシステムの開発を計画し、システム開発の専門会社であるY社（ベンダ）に対し、新システム（以下、「本件システム」）の開発業務を委託した。

本件システムは「要件定義→外部設計→内部設計→開発→テスト」の各工程につきウォーターフォール方式で開発が進めることとなり、XY間では、工程全体に関する基本的条項を定めた基本契約書と、要件定義工程（準委任）、設計～開発工程（請負）、テスト工程（準委任）の工程毎にそれぞれ個別契約を締結し、開発委託料として合計3億円を支払った。

Yは、本件システムの提案書において、設計、開発作業の各工程ごとにレビューを行い、設計段階でプロトタイプを作成する旨を掲げていたが、工程ごとのレビューを実施せず、一部の機能を除いて、プロトタイプをほとんど作成しなかった。また、Yが納品した基本設計書には、提案書において盛り込むこととされていた機能の一部が含まれていない等、不完全な点があったが、Yは、基本設計書の校正版を納品する旨をXに説明しておきながら、結局これを納品しなかった。さらに、Yは、開発作業中に生じた懸案事項を、自ら定めた目標期限までに解決しなかったことがあった。

他方、Xは、開発過程において生じた懸案事項について、Yから検討、解決を求められ、かつ、システム連絡会議やシステム開発進捗会議等において、随時、懸案事項の解決の遅れが開発作業全般の遅れの原因になっていることについてYから説明を受け、懸案事項の解決目標期限を設定するなどしてYが解決を促したにも関わらず、結局、期限ま

でに懸案事項を解決しないことがあった。また、Xは、基本設計書の完成後、そこに記載されていた機能以外の機能の追加や変更を複数回要求したこともあった。

　結局、納入期限を経過しても本件システムは完成しなかった。

　そこでXはYに対して履行遅滞を理由として解除の意思表示をし、併せて債務不履行解除を原因とする原状回復請求権に基づき、支払い済みの委託料3億円の返還、及び損害賠償として2億円の支払いを求めた。

　これに対してYは、Xに対して、主位的には協力義務違反を理由とする債務不履行による損害賠償請求権に基づき、予備的には民法641条の請負契約の解除における報酬及び損害賠償請求権に基づき、4億円の支払いを求めた。

争点解説

1　プロジェクトマネジメント義務とユーザの協力義務

　システム開発は、ユーザとベンダの共同作業であって、互いに協力して作業を進めることが必須です。そのようなプロジェクトの進行及びそれに関する協力について、法的に説明する場合、プロジェクトマネジメント義務及びユーザの協力義務という観点から説明されることが一般的です。これらの義務はいずれも、法律上の規定では無く、裁判例によって、法的義務として認められてきたものです。その内容について、詳しくは2で説明しますが、簡単に言えば、プロジェクトマネジメント義務とは、ベンダがその専門的知見を用いて開発作業を適切に進める義務をいい、ユーザの協力義務とは、開発のためベンダに対して必要な協力をする義務をいいます。

　プロジェクトマネジメント義務は、裁判実務上は、ベンダの義務として認識されることが圧倒的に多いといえますが、その概念上は、必ずしもベンダが負う義務というわけではありません。例えば、ユーザが複数のベンダに開発を分担させるマルチベンダ方式の開発の場合などは、各ベンダをとりまとめてプロジェクトを円滑に進行する為にユーザ側がプロジェクトマネジメン

ト義務を負う場合もあり得ます。あるいは、ユーザが、主たるベンダとは別に、プロジェクトマネジメントを専門に担当する者に対して業務委託するという開発方法も考えられます。そういった場合は、必ずしもベンダがプロジェクトマネジメント義務を負うわけではありません。ただ、実務上、特に紛争における裁判実務上は、ベンダが負うプロジェクトマネジメント義務が問題になることが圧倒的に多いため、本書では、専らベンダが負う義務であるところのプロジェクトマネジメント義務について解説します。

これに対してユーザの協力義務とは、ベンダに対してユーザが協力すべき義務のことです。ユーザが特定のベンダに対して一括して開発委託する場合などは、開発作業は受託者たるベンダ（及びそのベンダが委託した下請ベンダ）が全て担当しますが、システムというものは複雑多岐にわたるものであり、どのような機能を実装すべきかはユーザ自らが具体的に指示・特定しないと開発が進められません。また、旧システムからのデータの移行や、他ベンダが開発した他のシステムと連携させるといった場合は、開発ベンダのみでは対応できない作業が必要なこともあります。そういったことを踏まえると、いくらベンダがシステムの専門家だからといっても、ユーザがベンダに対して開発を丸投げして全て任せるということは、システム開発においては現実的ではありません。よって、システム開発プロジェクトを成功に導くためには、ユーザの協力というものが非常に重要であり、それを法的な側面から構成したものが、ユーザの協力義務といえます。

以上のようなプロジェクトマネジメント義務及びユーザの協力義務は、契約書に明記されていないとしても、認められる義務です。これは、契約上の主たる業務の履行義務に付随した、信義則上の義務として認められている場合が多く、これに違反する場合は債務不履行に該当すると解されています。なお、契約締結前であっても、信義則上のプロジェクトマネジメント義務やユーザの協力義務を認める裁判例もあり[3]、そのような場合は不法行為責任の問題として考えられています。

---

[3] 東京高判平成 25 年 9 月 26 日

2　義務の内容

(1)　裁判例に見る各義務の内容

　前述のとおり、法的観点から見たベンダのプロジェクトマネジメント義務とユーザの協力義務は、裁判例を通して認められるようになった義務です。そこで、参考までに、これらの義務が裁判例においてどのように判示されてきたかを、以下紹介します。

ア　プロジェクトマネジメント義務

①	東京地判平成 16 年 3 月 10 日 （東京土建国民健康保険組合事件）	ベンダは、納入期限までに本件電算システムを完成させるように、本件電算システム開発契約の契約書及び本件電算システム提案書において提示した開発手順や開発手法、作業工程等に従って開発作業を進めるとともに、常に進捗状況を管理し、開発作業を阻害する要因の発見に努め、これに適切に対処すべき義務を負う。
②	東京高判平成 25 年 9 月 26 日 （スルガ対 IBM 事件控訴審）	ベンダは、前記各契約に基づき、本件システム開発を担うベンダとして、ユーザに対し、本件システム開発過程において、適宜得られた情報を集約・分析して、ベンダとして通常求められる専門的知見を用いてシステム構築を進め、ユーザに必要な説明を行い、その了解を得ながら、適宜必要とされる修正、調整等を行いつつ、本件システム完成に向けた作業を行うこと（プロジェクト・マネジメント）を適切に行うべき義務を負うものというべきである。また、前記義務の具体的な内容は、契

		約文言等から一義的に定まるものではなく、システム開発の遂行過程における状況に応じて変化しつつ定まるものといえる。すなわち、システム開発は必ずしも当初の想定どおり進むとは限らず、当初の想定とは異なる要因が生じる等の状況の変化が明らかとなり、想定していた開発費用、開発スコープ、開発期間等について相当程度の修正を要すること、更にはその修正内容がユーザの開発目的等に照らして許容限度を超える事態が生じることもあるから、ベンダとしては、そのような局面に応じて、ユーザのシステム開発に伴うメリット、リスク等を考慮し、適時適切に、開発状況の分析、開発計画の変更の要否とその内容、更には開発計画の中止の要否とその影響等についても説明することが求められ、そのような説明義務を負う。
③	旭川地判平成 28 年 3 月 29 日 （旭川医大対 NTT 東日本事件第一審）	システム開発の専門業者であるベンダとしては、納期までに本件システムが完成するよう、ユーザからの開発要望に対しても、自らの処理能力や予定された開発期間を勘案して、これを受け入れて開発するのか、代替案を示したり運用の変更を提案するなどしてユーザに開発要望を取り下げさせるなどの適切な対応を採って、開発の遅滞を招かないようにすべきであった。
④	札幌高判平成 29 年 8 月 31 日	ベンダは、プロジェクトマネジメント

	（旭川医大対 NTT 東日本事件控訴審）	義務の履行として、<u>追加開発要望に応じた場合は納期を守ることができないことを明らかにした上で、追加開発要望の拒否</u>（本件仕様凍結合意）<u>を含めた然るべき対応をしたものと認められる。これを越えて、ベンダにおいて、納期を守るためには更なる追加開発要望をしないようユーザを説得したり、ユーザによる不当な追加開発要望を毅然と拒否したりする義務があったということはできない。</u>
⑤	東京高判平成 30 年 3 月 28 日（日東電工対フューチャーアーキテクト事件控訴審）	ベンダは、納入期限までにシステムを完成させるように、<u>契約書等において提示した開発手順や開発手法、作業工程等に従って開発作業を進めるとともに、常に進捗状況を管理し、開発作業を阻害する要因の発見に努め、これに適切に対処し</u>、かつ、ユーザのシステム開発へのかかわりについても、適切に管理し、<u>システム開発について専門的知識を有しないユーザによって開発作業を阻害する行為がされることのないよう注文者に働きかける義務を負う</u>。（注：第一審（東京地判平成 28 年 6 月 17 日）も同旨。）

イ　ユーザの協力義務

①	東京地判平成 16 年 3 月 10 日（東京土建国民健康保険組合事件）	ユーザは、本件電算システムの開発過程において、資料等の提供その他本件電算システム開発のために必要な協力

		をベンダから求められた場合、これに応じて必要な協力を行うべき契約上の義務を負っていた。
②	東京地判平成 18 年 1 月 23 日 (ジャコス事件)	コンピューターシステム開発においては、ユーザの要求を明確化して企画、開発に当たることが重要である上、一連の工程が複雑、多岐にわたることから、ユーザとベンダは、企画、開発、運用、保守の各段階において、システム完成に向けて相互に協力することが不可欠であり、各自の義務の履行が相手方の義務の履行の前提となる関係にある (…) ユーザは、本件ダウンサイジングを行うに当たり、ベンダに対して、ユーザの要求仕様を確定させるのに必要な情報を明確に提示し、また、総合テストを実施することが可能なスケジュールを組むことを許容するなどの本件契約上ベンダの義務履行の前提となる自らの協力義務を果たしたものとは認め難い。
③	旭川地判平成 28 年 3 月 29 日 (旭川医大対 NTT 東日本事件第一審)	本件プロジェクトは、医療に関する大規模システム開発を目的とするものであって、その遂行に当たっては、情報システムの専門家であるベンダが中心的役割を果たすべきことはもちろんであるが、ユーザも医療の専門家としてこれに協力すべき義務があるというべき。

		一たび本件プロジェクトが頓挫してしまえば、ベンダとしては、その時点での成果物を他のプロジェクトに流用することも困難であると考えられるのであって、<u>ユーザが十分な協力を行わず本件プロジェクトの遅滞を招いた上、本件解除によって本件プロジェクトを頓挫させたことについては、ユーザにも協力義務違反があったものとして、</u>相応の責任があるというべき。
④	札幌高判平成29年8月31日 (旭川医大対NTT東日本事件控訴審)	システム開発はベンダの努力のみによってなし得るものではなく、ユーザの協力が必要不可欠であって、ユーザも、ベンダによる本件システム開発に協力すべき義務を負う。そして、<u>この協力義務は、本件契約上ユーザの責任とされていたもの（マスタの抽出作業など）を円滑に行うというような作為義務はもちろん、本件契約及び本件仕様凍結合意に反して大量の追加開発要望を出し、ベンダにその対応を強いることによって本件システム開発を妨害しないというような不作為義務も含まれている。</u>
⑤	東京高判平成30年3月28日 (日東電工対フューチャーアーキテクト事件控訴審)	ユーザは、システムの開発過程において、<u>資料等の提供その他システム開発のために必要な協力をベンダから求められた場合、これに応じて必要な協力を行うべき契約上の義務（協力義務）</u>を負っている。

(2) 分析

　このような裁判例からすると、ベンダのプロジェクトマネジメント義務と
ユーザの協力義務の内容は、以下のように考えられます。

ア　プロジェクトマネジメント義務

　前述裁判例ア①と⑤は、プロジェクトマネジメント義務の内容についてほ
ぼ同内容の認定をしているところ、その内容は大きく分けて、(a)契約書等で
定めた開発手順や開発手法、作業工程等に従って開発作業を進めること、(b)
進捗状況を管理し、開発作業を阻害する要因の発見に努め、これに適切に対
処すること、という二つの義務で構成されています。

　これらに加えて、同②では、(c)ユーザへ必要な説明を行う義務、もプロ
ジェクトマネジメント義務に含まれることとした上で、その具体的な内容と
して、「システム開発に伴うメリット、リスク等を考慮し、適時適切に、開
発状況の分析、開発計画の変更の要否とその内容、更には開発計画の中止の
要否とその影響等についても説明することが求められ」ると判示しています。

　さらに、同③においては、ユーザから追加の開発要望があった場合に、ベ
ンダとしては、開発の遅滞を招かないために、その開発要望を取り下げさせ
る対応も必要であると判示したのに対し、その控訴審である同④では、ベン
ダには、追加開発要望をしないようユーザを説得したり、追加開発要望を拒
否するといった義務までは負わないと判示しています。これらは、ユーザへ
の説明義務（前述(c)）としてベンダがどこまでの作業を行う必要があるか
についての具体的な判断と解することも可能です。

　以上をまとめると、裁判例から導かれるプロジェクトマネジメント義務と
は、以下の内容と考えられます。

　(a)　ベンダとユーザ間で合意した開発手順や開発手法、作業工程等に従っ
　　　て開発作業を進める義務

　(b)　進捗状況を管理し、開発作業を阻害する要因の発見に努め、これに適
　　　切に対処する義務

　(c)　開発の局面に応じて、開発状況の分析、開発計画の変更の要否とその

　　内容、更には開発計画の中止の要否とその影響等について、ユーザに対
　　して説明をする義務（ただし追加開発要望の拒否や、要望を出さないよう説得す
　　るといった作為義務は負わない）

イ　ユーザの協力義務

　前述裁判例イ①及び⑤では、ユーザの協力義務の内容として、システム開
発のために必要な協力をベンダから求められた場合に、これに応じて必要な
協力を行うべき義務、と判示し、その具体例として資料等の提供を挙げてい
ます。また、同②では、ユーザの要求仕様を確定させるのに必要な情報を明
確に提示すること、テストのスケジューリングに協力すること、といった義
務もユーザの協力義務の一環と捉えています。

　さらに、同④では、協力義務の内容として、契約上のユーザの義務を円滑
に行うという作為義務に加えて、追加要望を大量に出すなどしてベンダのシ
ステム開発を妨害してはならないという不作為義務も含まれていると判断し
ているところが画期的です。

　以上をまとめると、裁判例から導かれるユーザの協力義務とは、以下の内
容と考えられます。

　(a)　システム開発のために必要な協力をベンダから求められた場合に、こ
　　　れに応じて必要な協力を行うべき義務
　(b)　契約外の追加要望を大量に出すなどしてベンダの開発行為を妨害して
　　　はならない義務

　ユーザの協力義務は、開発対象となるシステムの種類、機能、分野、さら
にはユーザの事業分野などによって様々なため、その義務内容を一般化して
把握することは、ベンダのプロジェクトマネジメント義務よりも困難といえ
ます。特に、応じなければならない「必要な協力」とはどのようなものがあ
るのかは、個別案件毎にケースバイケースといわざるを得ませんが、システ
ム開発紛争において一般的に問題となりやすいユーザの協力義務としては、
①資料の開示、②仕様の確定、③スケジュールの調整、などが代表的といえ

ます。

①については、旧システムの仕様や、新システムを連携する他システムの仕様の開示においてよく問題となります。これらは、ユーザとしても、他ベンダ（旧システムや他システムの開発ベンダ）の協力を得なければ資料の開示ができない場合も多かったり、あるいは連携先の他システムも同時並行で開発を進めている等で、ユーザにとっても自社のタイミングで作業できないこともあるため、結局タイムリーに資料が開示できず、開発が滞る原因になってしまうということが散見されます。

②については、主としてユーザ内部の意思決定の問題である場合が多いといえるでしょう。すなわち、例えばUIや実装すべき機能を確定しなければならないにもかかわらず、ユーザ内部で意見統一ができないために、ベンダからの再三の催促にもかかわらず確定できずにその部分の開発が後回しになったり、確定が曖昧なまま開発を進めたがために完成後に修正要望が多発するといったことは、しばしば生じる問題といえるでしょう。

さらに③については、検収やテストにおいて問題になってきます。例えばシステムの利用者が複数の部署にわたる場合は、検収やテストを行うためには、ユーザ内部において、部署をまたがった多数のメンバーのスケジュール調整をしなければならないところ、各部署の協力があまり得られずにスケジュール調整が難航し、結果として遅延が発生するということがあります。

こういった専らユーザ側の事情による非協力は、開発を遅延させたり、後に大量の修正や手戻りが発生する原因となったりするため、ユーザとしては適宜適切に対応する義務を負っていることをきちんと自覚して、全社的に対応すべき義務であるといえるでしょう。

3 事例の解説

本事例は、東京地判平成16年3月10日を参考にした事例です。

ベンダであるYは、前述のプロジェクトマネジメント義務（2(2)ア(a)～(c)）を負い、他方、ユーザであるXは、前述の協力義務（2(2)イ(a)～(b)）を負っていると解されます。

　そして、Yは、工程毎のレビューやプロトタイプの作成をせず、基本設計書の校正版の納品を約束したにもかかわらず行わなかったり、さらには開発作業中に生じた懸案事項を期限内に解決しない、といった行為をしており、合意された開発手順や作業工程を遵守していません。

　他方、Xは、Yから示された懸案事項について期限内に解決しなかったり、基本設計書に記載の無い機能の追加・変更要望を複数回行うなどして、本件システムの完成に支障を来す行為を行っているように思われます。

　Yについては、ベンダのプロジェクトマネジメント義務を前述のような内容（2(2)ア(a)～(c)）であるとすると、Yの各行為は、開発手順や開発手法、作業工程等に従って開発作業を進める義務（前述(a)）に違反しており、プロジェクトマネジメント義務違反があるとといえるでしょう。前述裁判例においても、Yにプロジェクトマネジメント義務違反があったと認定しています。

　これに対して、Xについては、ユーザの協力義務を前述のような内容（2(2)イ(a)～(b)）であるとすると、Xの各行為は、ベンダから協力を求められた場合に必要な協力を行うべき義務（前述(a)）に違反し、また、追加要望を大量に出すなどしてベンダの開発行為を妨害してはならない義務（前述(b)）にも違反しているように思われます。ただ、前述裁判例においては、懸案事項の解決が遅れたことについては協力義務違反を認めたものの、追加要望の点については、システムの専門家ではないユーザが様々な要求をするのは当然であり、逆にベンダ側がプロジェクトマネジメント義務の一環としてそういった要求をきちんと捌くべき義務を負っていると認定し、協力義務違反を認めませんでした。

　このように、Xに協力義務違反、Yにプロジェクトマネジメント義務違反が認められると解されます。前述裁判例でも、このようにXに協力義務違反、Yにプロジェクトマネジメント義務違反を認め、XYのいずれからも債務不履行に基づく解除や損害賠償請求は認めませんでした。その上で、民法641条に基づく解除、及びこれに基づくYからXへの損害賠償は認められるとしつつ、Yの落ち度を考慮して、過失相殺の規定（民法418条）を類推適用するという判断をしています。

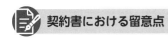
契約書における留意点

　前述のとおり、プロジェクトマネジメント義務及びユーザの協力義務は、契約書に記載されなくても認められる義務です。ただ、実際の開発現場においては、そのような義務をベンダ及びユーザのそれぞれが負っていることについて、（特にユーザは）明確に認識していない場合もあり、それゆえ各当事者の義務の履行が円滑に行えないという場合も多々あり得ます。これらの義務を契約書に明記することによって、以下のような効果が期待できます。また、そういった効果を発揮するためには、これらの義務をある程度具体的に規定することが望ましいといえます。

　まず、契約書にそれぞれの義務を明記しておくことは、義務の存在を各当事者に明確に認識させるという点で、非常に有益です。特にユーザの協力義務は、従前から裁判例において認められているにもかかわらず、実際の開発現場においては、開発に詳しくないユーザはもちろんのこと、ベンダにおいてすらも、明確に法的義務と認識しておらず、それゆえユーザの協力が得られずにトラブルの原因になる場合も散見されます。契約に明記することで、そういった自体を防ぐ助けになります。

　また、前述したとおり、義務の内容はケースバイケースかつ曖昧なため、契約書に何も記載が無いと、義務違反の有無や内容を事前に予測することが難しくなります。そこで、契約書においてある程度具体的に義務内容を規定しておくことで、予測可能性が担保でき、結果として義務違反の回避に役立つ機能も期待できます。

　さらに、プロジェクトマネジメント義務については、前述のとおりプロジェクトの中止についても説明しなければならない義務と解されます。しかし、プロジェクトの中止について説明するのは、対ユーザとの関係でも、あるいはベンダの内部的にも、現実的には難しいことが多いといわざるを得ません。これが、中止も含めた状況説明の義務をベンダが負っていることを契約上の義務として規定しておけば、契約上明記された義務の履行として行わねばならない、ということで、より円滑に説明できるようになることが期待

できます。

　また、ユーザの協力義務の観点でいえば、前述のとおり、ユーザ内部で協力が得られず意見統一が難航した結果、協力義務違反といえるような事態が生じてしまうということがしばしばあります。これが、協力義務を契約上の義務として明記しておくことにより、ユーザが自らの内部での作業協力を仰ぐための強力な後ろ盾にすることができます（「ベンダはプロなのだから全てやってくれるのが当然である。なぜ忙しい最中にユーザ側が協力しなければならないのだ」というユーザ内部での誤解を避けるためのツールになります。）。

 条項例

1　作業分担を具体的に規定しない条項例（甲：ユーザ、乙：ベンダ）

第●条（プロジェクトマネジメント義務及びユーザの協力義務）

1．乙は、①個別契約に定める開発手順や開発手法、作業工程等に従って本件業務を進め、②進捗状況を管理し、開発作業を阻害する要因の発見に努め、これに適切に対処し、③本件業務の局面に応じて、状況の分析、計画の変更の要否とその内容、開発計画の中止の要否とその影響等について、甲に対して説明をする義務を負う。ただし追加開発要望の拒否や、要望を出さないよう説得するといった作為義務は負わない。

2．甲は、①本件業務のために必要な協力を乙から求められた場合に、これに応じて必要な協力を行うべき義務、及び②追加要望を大量に出すなどして乙の本件業務を妨害してはならない義務を負う。

---

(1)　規定する意義及び規定の内容

　争点解説2のとおり、プロジェクトマネジメント義務及びユーザの協力義務は、裁判例によって法的義務として認められてきていますが、法律上明記された義務というわけではないため、その義務の存在を明確にするために、

契約条項として明記しておくことが有益です。また、各義務の内容も、裁判例の集積によってより具体的になってきた経緯を考えると、契約条項としても、裁判例で判示された義務の内容を踏まえた内容とするのが、予測可能性の高さや、当事者間の合意形成の容易さという意味でも有益であるといえます。すなわち、各義務は法律上定められたものではないため、理論上は当事者が自由に義務内容を設定できますが、両義務とも本来的に抽象的な義務であるということもあって、その内容の中立性や妥当性についての判断基準がありません。そこで、裁判所における判断を一つの公的基準として評価し、裁判例で摘示された義務の内容を条項に落とし込むことで、当事者間の公平性や予測可能性を担保するということが考えられます。

　プロジェクトマネジメント義務及びユーザの協力義務は、その内容が複数の裁判例によって判示されていますが、それらをまとめると、前述2⑵ア及びイのとおりです。この条項案は、これらの義務内容をそのまま条項に落とし込んだものです。

　1項がベンダのプロジェクトマネジメント義務の条項です。特に、開発計画の中止に関する事項をユーザに対して説明する義務を負うことを明記しているのが特徴的です。これは、システム開発においては、開発を継続して完成を目指すよりも、思い切って開発を中止した方が、ユーザ及びベンダの双方にとって損害が少なく抑えられるという場合もあり、開発中止は重要な判断の一つといえます。そして、開発を中止すべきかどうかは、開発の専門家であるベンダが、第一次的には判断することが可能であり、また開発を中止しなければならない可能性を最初に察知する立場にある場合が多いといえます。しかし、受託者であるベンダが、いわばお客様であるユーザに対して、一旦受託したプロジェクトを中止せよということを自ら提案することは、実際上は非常に難しいでしょう。この点、開発中止についての説明義務が契約に明記されていれば、契約条項を根拠として、開発中止の提案や検討の申し入れが、何も規定されていない場合よりは比較的やりやすいと考えられます。

　2項がユーザの協力義務の条項です。大きく①②の二つの協力義務を規定

していますが、特徴的なのは②の義務です。ユーザから追加要望が出されることは、システム開発において往々にして生じることですが、これが大量になると開発作業に支障を来す場合があります。しかし、受託者たるベンダは、お客様であるユーザからの要望を断りにくかったり、あるいは現場レベルで安易に（場合によっては半ば強制的に）追加要望を引き受け続けてしまい、結果としてスケジュールに支障を来すということは、どの開発現場でも見られる出来事であると言っても過言ではありません。そこで、そのような大量の追加要望が業務の妨害になり得ること、したがって大量の追加要望を出してはならないことを、明示的にユーザの義務として規定することにより、そういった事態を事前に予防するという効果も期待できます。

　なお、プロジェクトの性質、規模、当事者間の関係、ユーザ及びベンダそれぞれの能力等、事案に応じてこの条項案の内容を適宜追加・修正することも考えられます。

(2)　違反した場合の効果

　ベンダがプロジェクトマネジメント義務に、ユーザが協力義務に、それぞれ違反した場合は、債務不履行を構成しますので、債務不履行に基づく損害賠償請求及び契約解除といった効果が発生します。

　なお、この条項案は基本契約のものですが、基本契約が解除された場合に個別契約も当然に解除できるかどうか、あるいは個別契約のみ残存してしまう場合にその効果はどうなるのか、といった疑義が生じないよう、基本契約が解除可能な場合は、同時に個別契約も解除できることを、解除の条項に規定しておくべきでしょう。

2　作業分担を具体的に規定する条項例

第●条（役割分担）
　　本件業務における、作業分担は、別紙●のとおりとし、各個別契約においてその詳細を定めるものとする。

> **第●条（プロジェクトマネジメント義務及びユーザの協力義務）**
> （省略）

(1) 規定する意義及び規定の内容

　前述１の条項例は、裁判例を踏まえ、ある程度具体的な義務内容を記載した条項ではありますが、それでも抽象的な部分があることは避けられません。そこで、ベンダのプロジェクトマネジメント義務及びユーザの協力義務をより具体的にするために、それぞれの役割分担を別紙において具体的に明記することで、より実質的に機能する条項を目指したのが、この条項例です。実務上は、要件定義書や提案書といった契約書以外のドキュメント類に作業分担表が記載されている場合もあり、他方、契約書にはそこまで具体的には規定されていないということもあります。そのような場合において、ベンダ又はユーザの義務違反が争いになったときは、義務違反の主張のためにそういったドキュメント類の記載を根拠とする（せざるを得ない）こともしばしばありますが、契約書に明記されていれば、義務の存在及び違反の有無が、より一層明確になります。

　そのような観点からは、できるだけ具体的な作業分担が明記できれば望ましいのですが、基本契約の締結という開発着手前の段階においては、具体的に記載するとしても限界があります。そこで、さらに各個別契約においても作業分担の詳細を定めることとして、より明確さを指向する内容としています。

(2) 違反した場合の効果

　ベンダ又はユーザが、自己の分担として割り振られている作業を怠った場合は、債務不履行に該当しますので、債務不履行に基づく損害賠償請求及び契約解除といった効果が発生します。

第2章　完成・未完成

事例

　Y社（ベンダ）はX社（ユーザ）から販売管理システム（本件システム）の開発を一括請負契約で受注した（本件契約）。本件契約では、①要件定義、外部設計、②内部設計、③プログラミング、④結合テスト、⑤検証・総合テスト、という各工程が予定されていた

　Yは①～④の工程を完了し、⑤検証・総合テストの工程を進めていたところ、500個ものエラーが発生したが、残り100エラーまで補修し、本稼働に支障がない程度にしたところで、残りのエラーは本稼働後に対応することとして、⑤検証・総合テストも完了してYはXから検収を受け、本件システムは本稼働に至った。その後、Yは、Xから本件契約に基づく請負代金を受領した上で、残りのエラーの対応を進めたものの、本稼働後に別のエラーが300個ほど発生してしまった。

　Xは、Yは本稼働後にきちんとエラー対応すると言っていたにもかかわらず、むしろエラーが増えてしまったのであるから、本件システムは完成しておらず、約束した納期に履行がなかったとして、Yの履行遅滞を理由に本件契約を解除すると主張し、Yに対して請負代金の返金を求めた。

　これに対しYは、本稼働した時点で残っていた100個のエラーは本稼働には支障のない程度であるから、本件システムは既に完成しており、Yには履行遅滞はないとして請負代金の返金を拒んだ。なお、本稼働後に発生した300個のエラーも、未対応のエラーは10個まで減っており、この10個のエラーがあっても本件システムの稼働には問題がない状態であった。

争点解説

1 「完成」を論じる意義

システム開発委託契約においては、全体として一本の契約を締結するという一括契約の場合は、その法的性質は請負契約とされるのが一般的です。また、工程ごとに複数の契約（個別契約）を段階的に締結していく多段階契約の場合は、各工程の性質に応じて個別契約の法的性質が決められるところ、例えば外部設計書作成工程や、ソフトウェア開発工程については、請負契約で締結されることが一般的といえます（多段階契約と一括契約については第1編第2章2を、各工程の法的性質については第2編第4章を参照。）。

このように、システム開発委託契約においては、請負契約の性質を有する場合が多いところ、請負契約においては、仕事の「完成」が目的とされており（民法632条）、「完成」の前後で様々な法的効果の違いが生じます。具体的には、以下のとおりです。

	完成前	完成後
ベンダの報酬請求	できない	できる
契約不適合責任	問題にならない （契約の履行義務の問題）	問題になる
ユーザによる民法641条解除	できる	できない

これらの中で、システム開発委託契約の実務上特に重要なのが、ベンダの報酬請求の点であり、報酬請求の可否を巡って完成か未完成かがよく争われます。そこで、請負契約の性質を有するシステム開発委託契約における「完成」とは何かが、重要な問題となります（なお、改正民法において「完成」を論じる意義については、第2編第3章2も参照。）。

2 完成の基準

システム開発では、システムやソフトウェアといった、いわば目で見るこ

とができないものを制作するという業務の性質上、開発の進捗状況や、どの程度完成しているのかについて、特にシステムに精通していないユーザにとっては、把握が困難である場合が多いといえます。これは、同じく請負契約の場合が多い建築物では、基礎ができたり、外壁ができたり、外構工事が終わったり、など、素人からしても外見上ある程度は進捗状況を把握することができることと対照的です。

　さらに、システム開発の特徴として、いわゆる「バグ」が不可避であるという点もあります。バグがゼロのシステムやソフトウェアというものは現実的にはあり得ませんが、他方、ユーザにとってみれば、何ら不具合のないシステムを開発するよう要求するのはいわば当然であり、そのような「理想と現実」の乖離がしばしば問題となります。

　このようなシステム開発業務の性質に起因して、完成・未完成について、ユーザとベンダとの間で大きく意見が食い違うことになります。すなわち、ユーザは、何ら不具合のないシステムが納品されることを希望しているため、何らかの不具合が存在していれば、ユーザにとっては、その大小にかかわらずそれはまだ作業途中であって未完成である、と主張したいところです。他方、前述のとおりシステム開発においてバグは不可避ですので、ベンダからすれば、全工程について作業が完了し、納期までに納品しているのであれば、バグが残っていたとしても、完成を主張して報酬請求できてしかるべきである、と考えたいところです。結局これは、システム開発において「完成」とはどのような状態を指すのかについて、システム開発の特殊性を考慮した上でどのように考えるべきかの問題であるといえます。

　この点、裁判実務においては、建築訴訟における完成の基準に倣って、「予定された最後の工程まで一応終了」していれば完成である、という基準で判断されるのが一般的といえます[4]。なお、この基準では、いかなる工程が予定されていたのかが重要となるところ、その点については、要件定義書、基本設計書、契約書等の記載から、予定されていた工程を認定し、その

---

[4] 東京地方裁判所プラクティス委員会第二小委員会「ソフトウェア開発関係訴訟の手引」判タ 1349 号 14 頁

工程を終えているかによって判断されます。

　なお、一括契約において最後の工程まで終了しているということは、そのシステム開発委託契約において予定されていた全ての工程が終わった時、と解されることに問題はありません。他方、多段階契約における最後の工程とは、全ての工程のうち一番最後の工程を指すのか、個別契約ごとの最後の工程を指すのか、解釈上、一応問題となります。多段階契約の趣旨から考えると、個別契約はそれぞれ別個独立した契約と考えるのが自然ですので、そうすると、工程についても個別契約ごとに切り離して考えるべきということになり、よって、最後の工程が完了したかどうかも個別契約ごとに判断することになるといえます。実際、裁判例でも、個別契約ごとに最後の工程が終了しているかどうかに基づいて、その請負契約の「仕事の完成」を判断しています[5]。

【「予定された最後の工程まで一応終了した」という基準を用いた裁判例】

東京地判平成 14 年 4 月 22 日 判タ 1127 号 161 頁	ユーザが、納品されたプログラムには、エラーが発生し、本格稼働後もエラーが多発したため、完成していないと主張したのに対し、裁判所は、請負人が仕事を完成させたか否かについては、仕事が当初の請負契約で予定していた最後の工程まで終えているか否かを基準として判断すべきであり、注文者は、請負人が仕事の最後の工程まで終え目的物を引き渡したときには、単に、仕事の目的物に瑕疵があるというだけの理由で請負代金の支払いを拒むことはできないものと解するのが相当であると判示し、ユーザがシステムを本格稼働していることなどを認定して、完成を認めた。

---

[5] 東京高判令和 3 年 4 月 21 日（野村・日本 IBM 事件控訴審）、東京高判平成 27 年 6 月 11 日参照。

東京地判平成 25 年 9 月 30 日	請負契約に基づき報酬を請求するには、仕事を完成している必要があるところ、請負人が仕事を完成させたか否かは、請負人が当初の請負契約で予定していた最後の工程まで仕事を終えているか否かを基準として判断するのが相当である。これを本件についてみると、個別契約の業務の内容は、設計、プログラムの作成、テスト、ドキュメントの作成をした上で、これらを納品することであるところ、ベンダは、プログラム一式及び成果文書を完成させた上、納品しており、プログラム一式に対してはユーザも検収確認書を発行したことが認められる上、成果文書に関しても、ユーザは、納品を受けてから 20 営業日以内に検査結果の通知を行っていないと認められるから、基本契約 14 条 4 項（みなし検収）により、納品日である 9 月 30 日をもって検査に合格したこととなる。 したがって、ベンダは、個別契約で予定された最後の工程まで終えたものであり、仕事を完成させたと認められる。

3　完成と検収の関係

ア　検収の意味と法的位置付け

　システム開発において「完成」したかどうかが問題となる場面で、ベンダからユーザに対し、検収に合格しているから「完成」している、と主張されることがあります。この主張と、前述の、「予定された最後の工程まで一応終了」したかどうかという完成の基準の関係は、どのように考えるべきでしょうか。

　検収という作業は、一般的には、ベンダから納品されたものが契約で定めた仕様どおりとなっているかをユーザが確認する作業のことを指します。ソ

フトウェア開発においては、ベンダからの納品物を、ユーザが、システム仕様書等に合致していることを確認する作業となります。そして、そのような作業の性質上、通常は最後の工程に「検収」が予定されているため、検収に合格するということは、すなわち最後の工程まで完了したということとイコールです。そうすると、前述の完成の基準に照らしても、検収が完了したということは、法的には「仕事の完成」を意味すると考えられます[6]。

イ　検収に関する実務上の問題

　このように、検収は、最後の工程まで完了していたことを裏付ける事情の一つとなりますし、そもそも検収に合格しているということは、ユーザ自ら、その納品物が合格であると表明したということです。そのような検収の位置付けから、完成が争われる場面では、完成していたことの根拠の一つとして、検収の完了を示す「検査合格書」や「検収書」といった資料が提出されることがあります。このような「検収合格書」や「検収書」は、裁判における完成の判断においてどのような影響を及ぼすものでしょうか。

　もちろん、実態を伴った「検収合格書」や「検収書」であれば、検収が完了したことの証拠としては十分であり、これにより、最後の工程が完了したことすなわち完成したことが立証できる場合もあります。ただ、実務上は、実態を伴わない「検収合格書」や「検収書」も散見されます。よくある例としては、例えば、売上計上の基準を検収完了時としているベンダにおいて、当該事業年度において売上計上したいがために、システムが未完成であることをベンダ自ら認めつつ、それでも検収完了を証する検収書の提出をユーザに求めるといったことが、実務上は行われることがあります（そしてユーザもその要望に応じることもしばしばあります。）。あるいは逆に、検収完了を支払いの社内条件としているユーザにおいて、当該事業年度において支払いを完了してしまいたいために、システムが未完成であるにもかかわらず検収書を発行

---

[6] 前掲「ソフトウェア開発関係訴訟の手引」（判タ 1349 号 14 頁）でも、ソフトウェア開発の標準的な工程では、検収の終了により運用に移行するため、原則として検収の終了で仕事の完成を認定してよいと思われる、とされています。

する（さらに未完成にもかかわらず支払いも行う。）、ということもしばしば見られます。さらに、多段階契約において、形式的にスケジュールを遵守させるために、あるフェーズの工程が全て完了していないにもかかわらず、次のフェーズに進むために、形式的には検収合格とするような場合もあります。

　このような、実態を伴わない「検収合格書」や「検収書」は、何ら最後の工程まで完了したことを裏付けているものではありませんので、このような資料があったとしても、仕事の完成の根拠となりません。

ウ　検収についてのユーザの協力義務

　検収作業は、ユーザとベンダの協力作業ですが、ユーザが検収への協力を拒んだ場合はどうなるのでしょうか。

　まず、ユーザはそもそも検収に協力する義務を負っているかどうかが問題となります。これについては、一般的には、ユーザにも検収に協力する義務があると考えられており[7]、ユーザが合理的な根拠なく検収を拒むことは債務不履行に該当すると考えられます。

　次に、ユーザが検収に協力しないために検収が完了できない場合、仕事の完成が認められないということになるのでしょうか。すなわち、前述のとおり検収は通常は最後の工程ですが、ユーザが検収作業を拒んだため、「予定されていた最後の工程」を終えられないということになるのでしょうか。

　これについては、ユーザが理由なく検収を拒んでいるに過ぎず、ベンダとして客観的に予定されていた工程を全て終了しているのであれば、検収が終わっていなかったとしても、「仕事の完成」が認められると判断した裁判例があり参考になります[8]。

エ　みなし検収

　システム開発委託契約では、「納品後○日以内にユーザから検収不合格の

---

[7] 東京地判平成 26 年 10 月 30 日判時 2257 号 70 頁（東京高判平成 27 年 6 月 11 日において原審の判断を維持）等参照。
[8] 東京高判平成 27 年 6 月 11 日

通知が出されなければ、検収があったものとみなす」という、いわゆる「みなし検収規定」が定められることがあります。これは、納品というベンダとしてなすべきことをしており、ユーザが特に異議を述べないということは、納品物に問題はないからであろうという合理的意思解釈を確認的に定めるものです。

　完成の基準を、前述のとおり最後の工程が完了したかどうかに置くのであれば、「みなし検収規定」の要件を満たしていても、実質的に「予定されていた最後の工程」まで行われていない、つまり「完成」していないと判断されることはあります。ただ、以下のとおり、みなし検収の規定によって仕事の完成が認められる場合もあります。

(ア)　みなし検収により仕事の完成を認めたもの

　東京地判平成25年9月30日は、みなし検収の規定を根拠に検収を認め、それに基づき「仕事の完成」を認めました。この事案では、個別契約で実装することが予定されていた機能の一部が未実装でしたが、ベンダとユーザが未実装機能については当該工程で実装しないと合意したと詳細に事実認定をして、当該工程ついて仕事の完成を認め、ベンダに報酬請求を認めました。

　判決内容からすると、結論として未実装機能については別の工程で作業することにしたと認定しているため、みなし検収の規定の有無は判断に影響していないと思われるかもしれません。しかしながら、判決の論理を見てみると、みなし検収があったことによって立証責任が実質的に転換され、裁判所が未実装機能については別の工程で作業すると認定した根拠の一つになっているように思われます。このようにみなし検収の定めは、「仕事の完成」の認定に大きな影響を生じさせることがあります。

(イ)　みなし検収の要件を満たしても完成を認めなかったもの

　東京地判平成16年6月23日は、開発対象であるソフトは、決済機能が十分に機能し、かつ、遠隔操作できるものでなければ意味のないものであったと認定した上で、実際のソフトは、決済機能が十分に作動せず、遠隔操作も

できないものであったものであり、ユーザの契約の目的を達したことにはないとして、完成を否定しました。ベンダから、みなし検収の定めがあり、その要件（成果物納入の日から10日以内に検査結果の通知を行わなかったこと）を満たしているとの反論がなされましたが、検収にはベンダの協力が不可欠であるところ、ベンダが検査のための協力をしていないとして、みなし検収の規定により、検収したとみなされるものではないと判断しました。

4　不具合（バグ）と完成の関係

　ベンダが成果物を納品して報酬請求をしたのに対し、ユーザが不具合（バグ）があるとして完成を否定し、報酬請求を拒絶する事案もよく見られます。前述のとおり、システム開発においてバグが生じることは不可避であり、これはシステム開発の特殊性としてやむを得ないと考えられています[9]。裁判例の中にも、このようなシステム開発の特殊性を踏まえて、納品後にバグが発見されたとしても「完成」を認めたものがあります。他方、不具合（バグ）を理由に、完成を認めなかった裁判例も存在します。

【不具合（バグ）があっても完成を認めたもの】

札幌高判平成 29 年 8 月 31 日 判時 2362 号 24 頁	システム開発では、初期段階で軽微なバグが発生するのは技術的に不可避であり、納品後のバグ対応も織り込み済みであることに照らすと、バグ等が存在しても、システムを使用して業務を遂行することが可能であり、その後の対応で順次解消される類のものであれば、仕事が完成したと認定すべきである。 そして、本件システムは、遅くともユーザが解除した時点までには、ユーザの協力が得られずに保留せざるを得なかった1項目

---

[9] 前掲「ソフトウェア開発関係訴訟の手引」判タ 1349 号 15 頁

	を除き、全て完成していたものと認められるから、ベンダは仕事を完成したといえる。
東京地判平成 24 年 2 月 29 日	一般にソフトウェア開発においては、プログラムに一定程度の確率でバグが生ずるのは不可避であって、納入後にデバッグすることを予定せざるを得ないものであるところ、仮に、ユーザ主張の画面が、本件システムの納品及び検収の際に残存していたとしても、ユーザがこれを指摘すればベンダにおいて遅滞なく補修を行い得ることは明らかであって、そのような場合をもって納品物に瑕疵があるとか、まして本件システムが未完成であるなどということはできない。
大阪高判平成 27 年 1 月 28 日	本件仕事の内容は、本件仕様書に定められた仕様に従って詳細設計より下流工程にある作業を行うことであり、ベンダが本件仕事を完成したといえるか否かは、本件仕様書の内容に従って開発行為（プログラミング）を行ったといえるか否かで判断すべきである。不具合（バグ）があった場合に本件仕事が完成しているとはいえないと評価するためには、本件仕様書の記載に明らかに反し、軽微で容易に改修できるものではないような、システム全体の見直しを行わなければならないほどの欠陥であると認められるようなプログラムミスが存在しなければならないと解される。 ベンダ代表者が謝罪したことや調停で譲歩したことなどは完成の有無を左右しない。

【不具合（バグ）を理由に完成を否定したもの】

東京地判平成 17 年 4 月 14 日	ユーザが本件システムの検証結果として、発注処理業務、入庫処理業務等につき問題があり、製品としては 50 ないし 60 パーセントの完成にとどまるとしていたこと、ベンダにおいても、本件システムの完成度として、平成 14 年 12 月 2 日の稼働に向けて 60 ないし 70 パーセント、同月末には 80 パーセントにもっていった上、平成 15 年 1 月末には不具合・バグがほとんどない完成状態にする予定であるとしていたこと、平成 14 年 12 月 2 日に本稼働に至らず、A 社から本件システムの B 病院への導入に係る発注を取り消され、同月 13 日、その旨ユーザにも通知されたことからすれば、本件システムは、結局 B 病院の要求に応じて稼働し得る状態になっていなかったものというほかなく、システムとして完成していたということはできない。
東京地判平成 16 年 6 月 23 日	本件ソフトによって、ウェブ上で旅行商品を販売し、決済まで完結できるシステムの構築を目的としていたことが認められる。ところが、本件ソフトは、複数の代金決済が集中すると待ち時間が発生し、ついには固まってしまうという不具合が頻発したこと、決済成功率は 32.5 ％に過ぎないこと、その上、本件ソフトには、遠隔操作機能がなく、これを追加する拡張性もないことが判明したことなどが認められる。ユーザにとって、本件ソフトは、決済機能が十分に機能し、かつ、遠隔操作できるも

	のでなければ意味のないものであったところ、本件ソフトは、このような決済機能が十分に作動せず、遠隔操作もできないものであったものであるから、そのようなソフトによっては、ベンダは、契約の目的を達したことにはならず、本件ソフトは、ユーザにとって欠陥が著しいものであり、未だ完成したものとはいえないというべきである。

　前述のとおり、最後の工程が完了したかどうかをシステム完成の基準とするという論理を純粋に適用すれば、不具合（バグ）が存在していたとしても、最後の工程が完了していれば「完成」であり、不具合（バグ）の有無はあくまでも契約不適合の問題に過ぎない、という考え方になります。ただ、前述のとおり、不具合の存在を根拠に未完成と認定している裁判例に鑑みると、裁判例は、最後の工程が完了したかどうかという基準をそこまで純粋に適用しているわけではないようです。

　この点の整合性については、様々な見解があります。例えば、システムの完成度の工程により完成・未完成を判断する裁判例においては、「最後の工程」まで終わっているということは、一定水準以上のクオリティにおいて最後の工程まで終わっているということを意味しており、単に形式的に当該工程を実施したが中身が伴っていない、というような場合は、そもそも「最後の工程」まで終わったことにならない、と考えることで、従来からの完成の基準と、バグの存在により未完成と判断した裁判例とを整合的に考える見解や[10]、最後の工程が「一応」終了すれば良いのであって、重大なバグであっても「予定された最後の工程まで一応終了した」といえる場合には、システムは完成していると判断すべきであり、重大なバグについては契約不適合責任の問題として解決すべき問題である、というように、バグはあくまでも契約不適合責任の問題であって完成・未完成とは関係ないと整理する見解があ

---

[10] 森・濱田松本法律事務所『システム開発訴訟』［第2版］（中央経済社、2022）61頁

ります[11]。

5　事例の解説

　ユーザである X 社は、本稼働後にエラーが増えてしまったのであるから、本件システムは完成していないとして、本件契約の解除を主張し、Y 社に対して原状回復請求権に基づき請負代金の返金を求めています。

　この点、本件契約で予定されていた工程は、①要件定義、外部設計、②内部設計、③プログラミング、④結合テスト、⑤検証・総合テスト、であり、事例では①〜⑤の工程は完了し、本稼働までなされているので、「予定された最後の工程まで一応終了した」と言えます。なお、本稼働時には 100 個のエラーが残っており、その後に別のエラーが 300 個発生していますが、いずれも本稼働に支障がない程度のエラーです。よって、「予定された最後の工程まで一応終了した」ことを完成の基準とした場合はもちろん、バグの程度を完成の判断基準に盛り込む見解に立ったとしても、本件システムは「完成」と認めて良いと考えられます。よって、X 社による履行遅滞を理由とする解除は無効であり、Y 社は請負代金の返金を拒むことができます。

 契約書における留意点

1　予定された工程を明記する

　これまで説明したとおり、システムの完成の基準としては、「予定された最後の工程まで一応終了した」かどうかで判断されるのが一般的ですので、契約書においては、予定されている工程が何かが客観的に分かるよう明記することが重要です。その際、特にシステム開発に精通していないユーザに対して、自己の役割を認識させるという観点も踏まえて、各工程の役割分担も明記しておくべきでしょう。

---

[11] 難波修一他『裁判例から考えるシステム開発紛争の法律実務』（商事法務、2017）140 頁

2 検収のプロセスを明記する

　前述のとおり、検収合格がすなわち完成というわけではないものの、検収の有無や合格・不合格が「完成」の有無の判断に影響を及ぼす場合もあります。したがって、契約書には検収についての定めも設けておくべきです。どのような作業により検収が行われるのか、具体的には検収の基準となる検査仕様書を作成することや合否の判定方法、ユーザが不合格と判断した場合における手続、ユーザが合否の判定をしない場合の処理（みなし検収）などについて明記することで、システム開発に精通していないユーザにも具体的な検収作業を認識してもらうことができます。

 条項例

1 役割分担についての定め

(1) 条項例（甲：ユーザ、乙：ベンダ）

> **第●条（役割分担）**
> 　甲乙双方による共同作業及び各自の分担作業は、別添○のとおりとし、各個別契約においてその詳細を定めるものとする。

(2) 解説

　当該契約で予定されている工程を明記して、その各工程について役割分担を具体的に定めることが重要であることは**契約書における留意点**1で解説したとおりです。具体的には、役割分担表を契約書の別添として添付し、具体的な工程及び作業、並びにそれらがどの当事者の分担なのかを明記します。この工程表でベンダの分担とされている最後の工程まで一応終えていれば、ベンダとしては「仕事を完成」したと主張することができます。

2　検収に関する定め

(1)　条項例（甲：ユーザ、乙：ベンダ）

第●条（検査仕様書の作成）

　甲は、前条の納入物の検査の基準となるテスト項目、テストデータ、テスト方法及びテスト期間等を定めた検査仕様書を作成し、乙に提出するものとし、乙は検査仕様書の作成に協力するものとする。

第●条（本件ソフトウェアの検収）

1．甲は、納入物のうち本件ソフトウェアについて、個別契約に定める期間（以下「検査期間」という。）内に、システム仕様書と本件ソフトウェアが適合するか否かについて、前条の検査仕様書に基づき検査を行うものとする。

2．前項の検査の結果、本件ソフトウェアがシステム仕様書に適合することを確認した場合、甲は乙に対し、検査合格の旨を通知するものとする。

3．第1項の検査の結果、本件ソフトウェアにシステム仕様書に適合しない部分が発見された場合、甲は、乙に対し不合格となった具体的な理由を明示して通知し、修正又は追完を求める。乙は、協議の上定めた期限内に無償で修正して甲に納入し、甲は必要となる範囲で、再度前二項の検査手続を行うものとする。

4．検査期間内に甲が具体的な理由を明示して異議を述べない場合は、本件ソフトウェアは、本条所定の検査に合格したものとみなされる。

5．本条所定の検査合格をもって、本件ソフトウェアの検収完了とする。

---

(2)　解説

　検収について規定する場合は、検収の基準となる検査仕様書の作成方法と、検収作業の手続について定める必要があります。

（検査仕様書の作成）では、検査仕様書の作成方法及びその役割分担について定めます。ポイントとしては、検収はユーザが中心となって実施するものであるため、ベンダではなくユーザが検査仕様書を作成するとしている点です。もっとも、システム開発に精通していないユーザは、自力で検査項目をすることは困難ですので、ベンダにも協力義務を課しています。また、そもそもソフトウェアを開発したベンダに積極的に関与してもらわないと検査仕様書の作成は困難であるとして、検査仕様書の作成支援業務を別途ベンダに委託すると明記する契約例もあります。

検収の対象となる納品物は、システム仕様書に基づいて開発されるものですので、検査仕様書はそのシステム仕様書に基づいて、テストを行う項目やその期間などを定めることになります。

（本件ソフトウェアの検収）では、納品されたソフトウェアに対する検収手続を定めています。

1項は、ユーザが検収作業を行うこと、その検収作業は検査期間内に検査仕様書に基づき行われること、システム仕様書と本件ソフトウェアが合致するかを点検することなど検収の具体的な方法を定めています。

2項及び3項は、検収の合否ごとの対応を定めています。ポイントは不合格の場合にユーザがとらなければならない手続を定めている点です。具体的には、ユーザが不合格と判断した場合には、ベンダに対してその理由を具体的に明記した書面を交付する必要があります。検収の合否は契約の履行を確認する重要な場面ですので、客観的に明らかになるように書面でやりとりするのが望ましいです。ベンダが当該書面を受領した場合、不合格に理由があるときには、修正版をユーザに納入することになります。これは法的には、契約不適合責任の追完請求権に対する履行であり、契約書に明記することで、システム開発に精通していないユーザとの間で不合格後の対応について共通認識を持つことができます。

4項は、みなし検査合格に関する規定です。この定めにより、ユーザには個別契約で定めた検査期間内に検収をしなければならない効果が生じ、ベンダとしては、ユーザの都合により検収が引き延ばされることを防止すること

ができます。また、「完成」の有無が争われた場合において、裁判所はみなし検収の定めを一定程度考慮して判断することがあることは**争点解説 3** エで解説したとおりですので、ベンダとしては、このような定めを設けたいところです。ユーザとしては、検収を行うことができる合理的な期間になるように交渉すべきです。仮に何らかの事情により検査期間内に検収を終えることができない見込みとなった場合には、書面でその旨をベンダに通知して異議を述べて、形式的にみなし検収とならないように注意が必要です。

第3章　契約不適合

　運送業を営む X 社（ユーザ）は、自社で使用していた営業管理システムの刷新を希望して、システム開発会社である Y 社（ベンダ）に対し、新営業管理システム（以下、「本件システム」）の開発を委託した。本件システムは、従来のシステムに大幅に機能を追加して、運送管理業務の簡略化、運送管理レベルの向上、事務量の更なる軽減、更なるタイムリーな情報の提供に資することを指向したものであった。大幅な機能追加があったことから、本件システムは旧システムとは全く新規に開発作業が進められた。

　しかし、全ての工程を完了して本件システムが納品され、実際に X において運用してみたところ、X の想定外の動作をする部分が複数存在した。問題となる現象は、以下のようなものであった。

　　①運行キャンセルの結果が、売上元帳等に正しく反映されない。

　　②登録されている車両番号を削除すると、その車両番号では再度新規登録することができない。

　　③番号を入力して登録するある機能において、数字以外のアルファベットやカナ文字を番号部分に入力できるようになっているが、アルファベット等で登録した場合、勝手に数字に変換されて登録されてしまう。

　　④毎月末日に発生する月次更新処理が、処理完了までに 12 時間かかり、その間システムが使えなくなってしまう。

　X は、不具合はこれらの他にも多数存在し、予定されていた使い方が全くできず、本件システムを導入した上記目的が達成されていないと主張した。また、X によれば、これらの不具合は全てプログラムの欠陥に

起因しているとのことであった。

　そこで、Y が本件システムの動作を検証したところ、以下の事実関係が判明した。

　まず、①〜④以外には、X が不具合であると主張する現象が再現できなかった。

　また、①については、実際に不具合ではあったが、エンジニア 1 名が半日〜1 日を費やせば修補可能なものであり、現に、検証作業中に Y のエンジニアが修補した。

　②については、「車両番号」は「ナンバープレートの 4 桁＋通し番号の 1 桁」の計 5 桁の番号であるところ、最後の 1 桁を変えれば同じナンバーの車両を登録することができ、それで X の業務には支障がなく、現に開発作業中に Y から X にその旨を説明したが、X からは特段の意見は無かった。

　③については、確かに現象自体は確認できたが、入力画面には数字で入力するよう説明があった。

　④については、現象が確認でき、Y が設定等を変更してみたものの、処理時間の短縮化は図れなかった。また、修補するためにはエンジニア 3 名による 1 週間程度の作業が必要であった。

　この①〜④に関する X 及び Y のそれぞれの主張は、以下のとおりであった。

	X の主張	Y の主張
①	修補したとしても不具合が存在していたことには変わりない。	速やかに修補できたのだから不具合ではない。
②	開発作業中にそのような説明は無かった。	開発作業中に説明して異論が無かった。また、同一の車両番号で登録できなければならないという指示も無かったから、仕様である。現に、業務上支障は生

		じていない。
③	チェック機能が実装されていないこと自体が欠陥である。	チェック機能を実装しなければならないという指示は無く、契約上の義務ではない。
④	12時間もの間システムが使えないのは常識的に考えてあり得ない。	月次処理の時間的要件については仕様書に記載が無い。12時間であれば一日待たずに利用可能になるのだから許容範囲内である。

　XY間のシステム開発委託契約における契約不適合責任の条項には、「納品物に、確定した仕様と不一致が発見された場合、甲は乙に対して、当該契約不適合の修正等の履行の追完を請求することができる。」との定めがあった。

　なお、開発途中に「仕様書」という名称のドキュメントがXによって作成されていたが、この仕様書の内容は、ほとんどがマスタデータの入力画面の書式であり、その他は旧システムの仕様書の帳票レイアウト・画面レイアウトを変更し、又は部分的に項目を加除し、入力文字企画や入力内容の説明を加えたものであった。これは、項目としてもXの要求事項を網羅したものではなく、また、新システムにおいて追加される機能が網羅されているものでもなかった。その他には要件定義書と基本設計書が存在していたが、いずれもXの要求事項が網羅されているわけではない。

　XはYに対し、契約不適合責任に基づいて各不具合の修正を請求したが、Yは契約不適合は存在しないとして修正を拒んだ。

争点解説

1　請負に関する契約不適合責任
システム開発委託契約において、多段階契約における個別契約のうち請負

の性質を有するもの（例えば設計・開発工程の契約等）や、多くが請負の性質を有する一括契約においては、民法上の請負に関する契約不適合責任（旧法における瑕疵担保責任）が適用されます。この責任は任意規定ですので、契約によって別の規定を設けることが可能ですが、契約上規定されない場合は民法の規定が適用されますし、また、契約条件の交渉に当たっては民法の規定が基準となる場合が多いため、民法の契約不適合責任について十分に理解しておくことが、契約作成・交渉上重要です。

　請負契約に関する契約不適合責任は、基本的に、売買の担保責任と同様の規律が適用されます（売買の担保責任に関する562条、563条の規定が、559条により請負にも準用されます。）。また、請負の契約不適合責任においても、損害賠償及び契約の解除に関しては、債務不履行における一般的な規定が適用されます。以下、詳述します。

　注文者は、仕事の目的物（有形・無形を問いません。）が契約の内容に適合しない場合には、①履行の追完請求、②代金減額請求、③損害賠償請求、④契約の解除をすることができます。すなわち、仕事の目的物が契約の内容に適合しない場合、

　　①注文者が請負人に対し、目的物の修補等を請求することができます（562条）。

　　②注文者が請負人に対して相当の期間を定めて①の催告をし、その期間内に履行の追完がないときには、注文者は代金減額を請求できます（563条）。（なお、562条及び563条は、「引き渡された目的物」と規定されていますが、請負の場合は、仕事の目的物が引渡しを要しない場合にも準用され、その場合、「終了した仕事に係る仕事の目的物」と解することになるものと考えられます。）。

　　③請負人の債務が履行されていないものとされ、請負人に帰責事由がある場合は、債務不履行による損害賠償請求ができます（564条、415条）。

　　④③と同様に、債務不履行を理由とした解除ができます（564条、541条、542条）。

　ただし、契約不適合が注文者の責めに帰すべき事由によるものである場合

には、①②の請求はできません（562条2項及び563条3項）。さらに、請負の場合、「注文者の供した材料の性質又は注文者の与えた指図によって生じた不適合」（これは「注文者の責めに帰すべき事由」をより具体的にしたものです。）については、①から④のいずれもできないこととされています（636条）。

2 旧法における請負の瑕疵担保責任と、改正民法における請負の契約不適合責任の関係

　旧法では、瑕疵担保責任は債務不履行責任とは別の責任であるという考え方（いわゆる法定責任説）が根強かったこともあり、請負の担保責任についても、仕事完成前は債務不履行責任、完成後は瑕疵担保責任と、完成前後で責任の根拠を分けて考えるのが主流であり、その効果にも違いがありました。しかし、改正民法では、瑕疵担保責任（契約不適合責任）は債務不履行の一環と整理され、前述のとおり、損害賠償請求及び解除という効果面でも、債務不履行と契約不適合に差異はなくなりました。

　そうすると、債務不履行責任と瑕疵担保責任を区別する重要な基準であった「完成」についての議論（完成・未完成の区別）は、改正民法下では論じる意味が無いようにも思われます。例えばシステム開発でいえば、第2編第2章で説明したとおり、どのような状態をもって「完成」とすべきかについて議論があり、しばしば紛争の争点になってきた部分ですが、改正民法においては、このような争点はなくなるのでしょうか。また、改正民法では、契約不適合責任を追及できるようになる時点が完成「後」でなければならないという理論的必然性がないため、完成の時点と、契約不適合責任を追及できるようになる時点を一致させる必要がそもそもあるのかという疑問もあり、やはり「完成」についての議論は不要ではないかという疑念が生じます。しかし、以下の理由により、完成・未完成の区別は、改正民法下でも重要なポイントであり、また、従来からの議論が基本的に通用するものと考えられます。

　まず、改正民法においても、仕事の完成が報酬請求の条件であることは変わりませんので、報酬請求の可否に関する判断基準としての「完成・未完成」の区別は意味があります。また、完成の時点と、契約不適合責任を追及

できるようになる時点を一致させる必要があるかどうかという点について
は、条文上は完成前後を問わず契約不適合責任を追及できるようにも解釈で
きますが、解除・損害賠償については完成前後で要件は同じであり、また、
契約不適合特有の減額や修補は、完成前においては、債務の履行義務と別に
認める意味がありません。このようなことから、完成前に契約不適合責任を
追及することを認める実質的な意義は少ないと考えられます。また、条文上
でいえば「引き渡された目的物が……」(562 条 1 項)の「引渡」を「完成」
と一致させるかどうかという問題であるところ、これまでの実務上の通説的
見解はこれを一致させて解釈しており、改正民法においてもこれを変更する
特段の理由がありません。

　以上より、完成・未完成の別は、改正民法における請負の契約不適合責任
においても議論する意義があります。また、これまでの瑕疵担保責任の議論
もそのまま適用できると考えられます。

3　契約不適合と未完成の区別

　前項のとおり、完成前は債務不履行責任、完成後は契約不適合責任という
区別になります。そこで、システムの完成・未完成の区別をどうするかが問
題となりますが、この点については、第 2 編第 2 章を参照してください。

4　システム開発における契約不適合とは何か

(1)　契約不適合概論

　請負人が契約不適合責任を負うのは、目的物が「契約の内容に適合しない
ものであるとき」ですが (559 条、562 条)、この規定は、判例が、旧法におけ
る「瑕疵」の概念を「契約の内容に適合しないこと」と解釈してきたことを
反映したものです。よって、旧法下における「瑕疵」の解釈は、改正民法に
おいても同様に当てはまるところ、システム開発における契約不適合 (瑕疵)
とは、一般的に、「システムが約束した仕様・性能に仕上がっていない場合」
であると考えられており、裁判例も概ねこれに沿う判断をしています。

　ここで、「システムが約束した仕様・性能に仕上がっていない」とは、よ

り具体的にどのような状態を指すのかが、システム開発の特殊性もあって問題となります。そこで以下、システム開発における契約不適合（瑕疵）とは何かを解説します。

(2)　システム開発における確定した仕様とは
ア　「約束した仕様・性能」は何を基準に判断するのか
　「約束した仕様・性能」が何なのかは、第一次的には、要件定義書や設計書といった、開発に当たり制作したドキュメント類で定まります。例えば、最終成果物の契約不適合を判断するには、最終成果物が、要件定義書や設計書といった開発工程で制作されたドキュメント類に記載されている仕様及び性能を満たしているかどうかの判断となります。
　ウォーターフォール方式の場合においては、最終成果物のみならず、途中の工程の成果物についても契約不適合責任が問題となり得ます。すなわち、請負の性質を有する工程（例えば外部設計工程やプログラミング工程など）では、工程ごとに成果物があり得るところ、工程ごとの各成果物は、その前工程の成果物に照らして、契約不適合の有無が判断されます。例えば、外部設計工程は、要件定義書に基づき外部設計書を制作する工程ですので、その成果物である外部設計書は、その前工程である要件定義工程で制作された要件定義書に記載の仕様を満たしていることが必要です。プログラム工程についても同様で、契約不適合かどうかは、プログラム成果物が、要件定義書及び設計書に記載の仕様・性能を満たしているかどうかにより判断されます（なお、要件定義書と設計書の記載が食い違う場合は、時系列的に後に制作された設計書の内容が「約束した仕様・性能」であると判断される場合が多いといえるでしょう。）。
　このように、システム開発（特にウォーターフォール方式の場合）においては、契約当初から「約束した仕様・性能」が確定しているわけではなく、工程の進行に伴って徐々に確定していくという側面があります。しかも、システムという特性上、実務的には、全ての「約束した仕様・性能」が漏れなく要件定義書や設計書といった明確なドキュメントに記載されているわけではない場合も多くあります。例えば、ユーザがベンダに提出する提案依頼書

(RFP)、ベンダからユーザに対する提案書、議事録、作業に関する担当者間のやりとり（メールやメッセンジャー）、障害管理表、といった資料に記載があり、実際に作業も行っているが、要件定義書や設計書には記載が無い機能や性能というものは、実際上は多く存在します。さらに、契約不適合か否かは機能要件だけでなく非機能要件についても問題になりますが、その判断に当たっては、非機能要件もきちんと要件定義書や設計書に明記されているかどうかが重要となります。

イ　開発途中で機能の追加・変更があった場合の「約束した仕様・性能」
　開発途中において、ユーザがベンダに対して機能の追加や変更を要求する場合もしばしばあります。そういった機能追加や機能変更が、ドキュメント類の変更・改訂という形で要件定義書や設計書に盛り込まれれば明確ですが、そういったドキュメント類には反映されずに開発が進む場合もしばしばあります。そのような場合、これらの追加・変更された機能が「約束した仕様・性能」に含まれるかどうかが不明確になります。すなわち、追加・変更された機能に不具合が生じた場合や、そもそも実装に至らなかった場合に、「約束した仕様・性能」を満たしていないということで、ベンダは契約不適合責任を負わねばならないのでしょうか。
　このような場合において、契約不適合責任の有無を判断しなければならないときは、要件定義書や設計書といったドキュメント類だけでなく、開発時のやりとりや資料等から、合意内容を事実認定せざるを得ないことになります。この点、ユーザにとっては、要望したとおりの機能追加や機能変更が、全て「約束した仕様・性能」に含まれるのが良いため、「仕様」は必ずしもドキュメント類に記載された内容に限定されない方が有利な場合もありますが、逆にベンダにとっては開発義務を負う対象が曖昧になるため、ドキュメント類などの客観的資料へ記載すべきということになります。

ウ　契約及び実務運用での対応
　「約束した仕様・性能」が何であるかは、以上のとおり開発の進み方によ

り様々な場面・事実関係が考えられるため、何をもって「約束した仕様・性能」とするのかを契約において明確に規定しておくのが、契約不適合責任を明確にする上では重要になります。また、契約上明確に、「約束した仕様・性能」を判断する根拠資料として指定されたドキュメント類（要件定義書や設計書）は、当然のことながら、制作に当たってはその内容が全て「仕様」となり、逆に記載が無い場合は必ずしも「仕様」に該当しない（＝実装しなくとも契約不適合とならない）場合があり得ることを、ベンダのみならずユーザも十分に意識して作業を進めることが重要であるといえます。

　例えば、ユーザにおいては、開発現場が当然に実装する前提で作業していたとしても、ドキュメント類に全く記載が無ければ、その後もし不具合が生じた場合に、その不具合箇所が「約束した仕様・性能」に該当しないと判断されてしまう可能性があります。また、ベンダにおいては、ある機能や性能について、ドキュメント類に１行でも（極論すれば一言でも）記載がある場合、それが実装すべき仕様・性能であると判断される可能性があります。このように、ユーザとしては、実装したい機能・性能は漏らさずドキュメント類に盛り込んでおくべきであり、逆にベンダは、不用意に曖昧な記載を残すべきではなく、そういった意識を持ってドキュメント類の制作を進めるべきといえます。

エ　契約不適合の判断方法

　契約不適合か否かの判断のためには、「約束した仕様・性能」と発生した不具合とを比較します。

　仕様・性能がどのように判断されるかは前項で述べたとおりですが、不具合の内容を特定するには、以下のような観点から整理する必要があります。すなわち、①現象の特定（再現性がないものの除去等）、及び②原因の特定（開発対象システム自体の不具合か、操作ミスか、連携する他のシステムの問題か、等の切り分け）を行って、開発対象システム自体に原因があって再現性のある不具合のみ、契約不適合か否かの判断の俎上に載せるべきといえます。システムの稼働後、現場のシステム利用者から上がってくる不具合報告には、専門家に

よる申告ではないということもあって、およそ不具合と呼べないようなものが含まれる場合も多く、それらを何ら検証することもなく不具合として対応することは混乱を招きます。

　例えば①は、再現性のない現象は検証のしようがなく、修補もできませんし、申告者しか経験していないとすればそもそも事実が存在するのかも不明と言わざるを得ません。また、②については、当該不具合の申告者からすれば、思った通りに機能しなかったという意味では不具合なのでしょうが、単純な操作ミスから、連携している他のシステムの不具合まで、原因は様々考えられます。②の切り分けは難しい部分もありますが、再現性があるものであれば、ベンダ側でチェックすることも可能です。

　さらに、確かに「開発対象システム自体に原因があって再現性のある不具合」ではあるものの、特定の機能が実装されていないことに起因する不具合というものも考えられます。この場合は、その実装が漏れていた機能が、「約束した仕様・性能」に該当するものなのか、それとも単なるユーザ側が一方的に要求したに過ぎないものか、いずれに該当するかの問題であって、これは前述の仕様確定の問題です。

　契約不適合についてはこのように判断されますところ、このうち、契約において事前に手当をしておくべき部分（手当できる部分）は、何をもって合意した仕様とするかを明確に規定しておく、ということであり、これは前述の仕様確定と同様です。その他の部分はあくまでも、事実認定や検証、評価といった生の事実に接して判断しなければならない部分であり、契約での手当には限界があります。

オ　バグと契約不適合

　システム開発の特徴の一つとして、いわゆるバグが不可避であることが挙げられます。バグは不具合なので、形式的には契約不適合に該当しそうですが、裁判実務上は必ずしもそのようには考えられていません。判例では、ユーザから不具合発生の指摘があった後に、ベンダにおいて遅滞なく修補できた場合や、相当な代替措置が講じられた場合は、そもそも瑕疵（契約不適

合）に該当しない、とするものが多数あり、実務上も現実的な考え方である
といえます。他方、判例でも、バグといえども、①システムの機能に軽微と
はいえない支障を生じさせ、かつ遅滞なく修補することができないものや、
②その数が著しく多く、順次発現してシステムの稼働に支障が生じるような
もの、については、プログラムの欠陥（＝契約不適合）であるとしています。

　不具合があった場合において、これが全て契約不適合に該当するとなる
と、仮にベンダが速やかに修補したとしても、契約不適合があったという事
実には変わりありませんので、ユーザ側から解除及び損害賠償請求ができて
しまうことになります（特に解除に帰責事由を必要としない改正民法においては顕著
です）。しかし、バグの発生が不可避であるシステム開発においてこのよう
な考え方は、ベンダにとって非常に酷です。他方、速やかに修補できれば
ユーザにとって不利益はありません。そこで、速やかに修補した場合はそも
そも契約不適合に該当しない、というシステム開発特有の裁判実務が形成さ
れているといえるでしょう。

5　契約不適合責任と期間制限

　請負における民法上の契約不適合責任の期間制限は、以下のとおりです
（637条）。

①起算点は、契約不適合の事実を知った時

②権利行使期間は1年

③権利行使のためには、権利行使期間内に請負人に対して通知をする。

④不適合であることについて請負人が悪意又は重過失の場合、これらの期
　間制限は適用されない。

　ただし、この期間制限とは別に、通常の消滅時効の規定（166条1項）も適
用されます。その結果、「権利を行使することができる時」から10年間で、
契約不適合責任に基づく請求権は消滅時効に係ります。なお、システム開発
において「権利を行使することができる時」とは、完成したシステムの引渡
時（引渡が観念し得ないときは、作業完了時）と解されます。

　旧法では、「目的物の引渡の時又は仕事の終了時」から1年以内に、瑕疵

の修補、契約の解除又は損害賠償の「請求」をしなければならなかったところ（旧法 637 条）、改正民法では、前述のとおり「契約不適合の事実を知った時」から 1 年以内に「通知」をすれば良いことになりました。なお、この「通知」は、単に契約との不適合がある旨を抽象的に伝えるだけでは足りず、不適合の内容を把握することが可能な程度に、不適合の種類・範囲を伝える必要があると解されています。改正民法では、起算点についても、権利保全のために為すべき行為についても、注文者に有利な方向に改正されたといえます。

　これまでのシステム開発委託契約では、瑕疵担保責任の期間制限について旧法の規定に近い条項、すなわち「目的物の引渡の時又は仕事の終了時」から 1 年以内に、瑕疵の修補、契約の解除又は損害賠償の「請求」をする、という定めが置かれていることが多かったといえます（期間については 1 年未満の場合もあります。）。また、民法の規定と契約上の規定がこのようにほぼ一致しているのであれば、仮に契約条項が不十分であったり、契約書が締結されていなかったとしても、民法上の瑕疵担保責任が適用されることで特に大きな問題はなかったといえます。しかし、改正民法下では、起算点が「契約不適合の事実を知った時」なので、ユーザが契約不適合責任の事実を知らないままだと、ベンダは消滅時効に係るまでの最大 10 年間は契約不適合責任を負うことになってしまいます。これまでの多くの契約実務のように、起算点を「目的物の引渡の時又は仕事の終了時」とするためには、改正民法下では契約で明確に定めておかねばならない点に注意が必要です。

6　事例の解説

　本事例は、東京地判平成 9 年 2 月 18 日及び広島地判平成 11 年 10 月 27 日を参考にしてアレンジしたものです。

⑴　「確定した仕様」は何か

　契約不適合責任の有無が争いになっており、契約上は「確定した仕様」との不一致があった場合に契約不適合責任が生じることと定められていますの

で、この「確定した仕様」が何を指すのかがまず問題となります。

　この点、発注者であるＸが作成した「仕様書」という名称のドキュメントがありますが、「確定した仕様」とはこの「仕様書」に記載の事項に限定されるのでしょうか。まず、契約条項の規定ぶりをみると、「仕様書との不一致」ではなく、「確定した仕様との不一致」との規定となっていますので、契約解釈としては、「仕様書」という名称だからといって、仕様が当該ドキュメントの記載内容に限定されるわけではないといえます。そもそもこの「仕様書」は、Ｘの要求事項が網羅されているわけでもなく、また、旧システムの仕様書に手を加えて説明を入れたという程度のものであり、新システムの開発の基礎とするにはかなり粗い内容であるといえます。そうすると、要件定義書や設計書、あるいは開発途中の打ち合わせやXY間のやりとり、といったあらゆる事実関係から、XY間で合意された「確定した仕様」が何かを認定する必要があります。

(2)　各現象が契約不適合に該当するか

　次に、Ｘが不具合であると主張する現象が、契約不適合であるかどうかについて検討します。

　まず、動作検証時に再現しなかった現象は、そもそもその存在が不明ですので、これをもって契約不適合とはいえません。そこで、再現できた現象である①〜④が、契約不適合に該当するかが問題となります。

　①については、指摘を受けた後、エンジニア１名が半日から１日というかなりの短時間で修補できる程度の不具合ですから、前述した判例理論に当てはまれば、これはそもそも契約不適合に該当しません。

　②については、開発中に説明を受けたかどうかでXYの言い分が食い違っている上、前述のとおり「確定した仕様」の基礎となる資料が一義的に定まらない本件においては、この現象が不具合か仕様かは、その他の事情により左右されます。例えば、ドキュメント類や議事録等の記載から、Ｘがこのような現象を許容していないことが客観的に明らかである場合は別論、そうでない場合は、業務に支障を来さないこの程度の現象であれば、仕様であって

契約不適合ではないという認定も十分あり得ます。なお、裁判例（前掲東京地判）では、開発作業中にYが説明したがXは特段異議を述べなかったこと、Xの業務に支障が無いこと、といった理由により、同種の現象について、仕様であって不具合ではないと認定しています。

　③については、確かにチェック機能はないものの、説明どおりに入力していれば正常に動作するし、それほど難しいことではありませんので、チェック機能を実装することが仕様であった、とは言えない可能性が高いです（前掲東京地判参照）。

　④については、12時間もシステム使用不可ということは、通常の営業時間中にも使用できない時間帯がある可能性が高く、重大な不具合といえます。また、前述のとおり、本件の「仕様書」は必ずしも確定した仕様というわけではありません。そうすると、その「仕様書」に時間的要件の記載が無いとしても、要件定義書や設計書、あるいは本件システムの利用目的等を総合考慮して、月次処理に一定の時間的要件があると認定できる場合（例えば、開発過程の会議で月次処理の処理時間についてXが何らか要望を述べていたなど）、それが「仕様」であるといえ、12時間使用不可というこの現象は、その仕様と不一致、すなわち契約不適合に該当するという判断になります。

 ## 契約書における留意点

1　何をもって合意した仕様とするかを明記する

　契約不適合とは、前述のとおり「約束した仕様・性能」を満たしていないことをいい、そういった仕様と不具合とを対比して、契約不適合の有無が判断されます。そこで、「約束した仕様・性能」とは何を指すのかを、契約上できるだけ具体的に規定しておくのが望ましいといえます。例えば事例のように、単に「確定した仕様」とだけ規定していると、何が「確定した仕様」に当たるのかが争いになってしまいます。そこで例えば、「要件定義書及び外部設計書との不一致」が契約不適合である、と契約上明記しておけば、「約束した仕様・性能」とは要件定義書及び外部設計書のことであることが

明確になります。

2　仕様の追加・変更のプロセスを規定する

　このように、契約不適合の判断の基礎となる「仕様」を具体的に規定するのと併せて、仕様の追加・変更のプロセスも具体的に規定しておくことは有用です。すなわち、「要件定義書及び外部設計書」との不一致を契約不適合であるとするとの規定があったとしても、実作業において、肝心の要件定義書及び外部設計書から離れて仕様の追加・変更が多発してしまうような場合、「要件定義書及び外部設計書」を基準として契約不適合を判断すること自体が、実態にそぐわないということになりかねません。そこで、仕様の追加・変更があった場合には、確定しているこれらのドキュメント類に反映するといったプロセスを契約上具体的に定めた上で、反映されていない追加・変更は仕様として認められないということを規定しておけば、そういった事態を契約上排除できます。

3　期間制限

　契約不適合責任の期間制限については、前述のとおり、改正民法では、これまでの実務的な取扱いよりもユーザ側に有利なように改正されました。そこで、引渡時・完成時を期間制限の起算点とするという従来からの枠組みを維持するのであれば、期間制限の規定を明確に定めておく必要性が今まで以上に高いといえます（具体的な条項案については、「条項例」参照）。

条項例

1　基本契約に規定する包括的な契約不適合責任の条項

(1)　条項例（甲：ユーザ、乙：ベンダ）

> **第●条（契約不適合責任）**
> 1．下記の場合、乙は甲に対して、本条に定める契約不適合責任を負う。

　①確定した外部設計書と外部設計仕様との不一致又は論理的誤り

　②検収完了後の納入物とシステム仕様書との不一致

2．前項①又は②（以下本条において「契約不適合」という。）が発見
　された場合、甲は乙に対して当該契約不適合の修正等の履行の追完
　（以下本条において「追完」という。）を請求することができ、乙は、
　当該追完を行うものとする。但し、甲に不相当な負担を課するもので
　はないときは、乙は甲が請求した方法と異なる方法による追完を行う
　ことができる。

3．甲は、当該契約不適合（乙の責めに帰すべき事由により生じたもの
　に限る。）により損害を被った場合、乙に対して損害賠償を請求する
　ことができる。

4．当該契約不適合について、追完の請求にもかかわらず相当期間内に
　追完がなされない場合、甲は当該個別業務にかかる報酬の減額を請求
　することができる。

5．当該契約不適合について、追完の請求にもかかわらず相当期間内に
　追完がなされない場合又は追完の見込みがない場合で、当該契約不適
　合により個別契約の目的を達することができないときは、甲は本契約
　及び個別契約の全部又は一部を解除することができる。

6．乙が本条に定める責任その他の契約不適合責任を負うのは、外部設
　計書の確定後（第1項①の場合）又は検収完了後（第1項②の場合）
　1年以内に甲から当該契約不適合を通知された場合に限るものとす
　る。但し、外部設計書の確定時において乙が当該契約不適合を知り若
　しくは重過失により知らなかった場合、又は当該契約不適合が乙の故
　意若しくは重過失に起因する場合にはこの限りでない。

7．前項にかかわらず、第●条又は第●条の検査によって甲が当該契約
　不適合を発見することがその性質上合理的に期待できない場合、乙が
　本条に定める責任その他の契約不適合責任を負うのは、甲が当該契約
　不適合を知った時から6か月以内に甲から当該不適合を通知された場
　合に限るものとする。

8．本条の契約不適合責任は、契約不適合が甲の提供した資料又は甲の与えた指示によって生じたときは適用しない。但し、乙がその資料又は指示が不適当であることを知りながら告げなかったときはこの限りでない。

(2)　解説

　契約書における留意点1のとおり、契約不適合責任においては、何と何の不一致をもって契約不適合とするのかが契約上明確になることが重要です。そこで、本条1項では、①外部設計書については外部設計仕様との、②ソフトウェア成果物についてはシステム仕様書との、それぞれの不一致又は論理的誤りをもって、契約不適合とすることを、一つの条項で規定しています。この場合、契約不適合判断の基礎となる外部設計仕様及びシステム仕様書が何であるかについても、契約に定めておくべきです。外部設計仕様についての条項例については、次項を参照してください。

　また、契約不適合責任の効果として、追完請求（2項）、損害賠償請求（3項）、報酬減額（4項）、解除（5項）、を規定しました。これらは契約不適合の場合の責任として民法上認められるものです。

　他方、契約不適合責任の期間（6項及び7項）については、民法と異なる定めを置いています。すなわち、民法上の契約不適合責任の期間は、**争点解説**5のとおりユーザが契約不適合の事実を知ったときから1年間ですが、これはこれまでの取引慣行（検収後6か月間~1年間）と比してかなりの長期間であり、ベンダに過大な負担となるおそれがあります。そのような負担は、開発費用の高騰という結果に繋がり、ユーザにとっても不利益となるおそれがあります。そこで、これまでの取引慣行を重視して、契約不適合責任の期間は、外部設計書の確定後（1項①の場合）又は検収完了後（1項②の場合）1年以内としました。ただし、システム開発という性質上、システムの素人であるユーザが契約不適合をタイムリーに発見できない可能性も十分に考えられます。そこで、7項において、定められた検査期間中にユーザが契約不適合を発見することが合理的に期待できない場合には、例外的に、ユーザが契約不

適合を知ってから6か月以内という期間制限を定めています。このように、本条項例では、原則的な契約不適合責任の始期を民法よりも早い時期にしている一方、契約不適合の発見が合理的に期待できない場合には例外的に「契約不適合を知ったとき」を起算点としつつ、その場合の期間制限を6か月という短期間とすることで、契約不適合におけるユーザの権利とベンダの義務とのバランスをとっています。

2　外部設計仕様の内容並びに外部設計書の納入、検査及び確定に関する条項例

(1)　条項例（甲：ユーザ、乙：ベンダ）

第●条（協議）

1．甲及び乙は、本件業務の進捗状況、リスクの管理及び報告、問題点の協議及び解決、その他本件業務が円滑に遂行されるために必要な事項について、必要に応じて随時協議する。

2．乙は、甲乙間の協議の議事内容及び結果について議事録を作成し、これを甲に提出し、その承認を得るものとする。

3．乙は、議事録の原案を協議の日から●日以内に作成して、これを甲に提出し、甲は、これを受領した日から●日以内にその点検を行う。当該期間内に甲が具体的な理由を明示して異議を述べない場合には、乙が作成した議事録を承認したものとみなす。

4．乙が前項の期限までに議事録の原案を作成しない場合、甲は乙に代わって議事録を作成し、これを乙に提出することができる。乙は、これを受領した日から●日以内にその点検を行う。当該期間内に乙が具体的な理由を明示して異議を述べない場合には、甲が作成した議事録を承認したものとみなす。

第●条（外部設計書の納入・検査・確定）

1．乙は甲に対し、個別契約で定める期日までに、納入物を検収依頼書

（兼納品書）とともに納入する。

2．甲は、個別契約において定める点検期間（以下「外部設計書の点検期間」という。）内に、外部設計書が、第●条の規定により確定された要件定義書及び第●条所定の協議での決定事項（以下合わせて「外部設計仕様」という。）に、適合するか及び論理的誤りがないか検査を行うものとする。

3．前項の検査の結果、外部設計仕様に適合すること及び論理的な誤りがないことを確認した場合、甲は乙に対し、検査合格の旨を通知するものとする。

4．第2項の検査の結果、外部設計仕様に適合しない部分又は論理的誤りが発見された場合、甲は、乙に対し不合格となった具体的な理由を明示して通知し、修正又は追完を求める。乙は、協議の上定めた期限内に修正版を作成して甲に提示し、甲は再度前二項の検査手続を行うものとする。

5．外部設計書の点検期間内に甲が具体的な理由を明示して異議を述べない場合には、外部設計書の点検期間の満了をもって、外部設計書は検査に合格したものとみなされる。

6．検査合格をもって、外部設計書は確定したものとする。

(2) 解説

　本条項例は、条項例1において外部設計書についての契約不適合の判断基準とした「外部設計仕様」が何であるかの特定、及び納入された外部設計書をその外部設計仕様に基づいて検査し、確定する手続についての条項です。

　外部設計工程は、一般的には要件定義工程に続いて実施されるものであり、外部設計書は要件定義書に基づいて制作されます。とはいえ、要件定義書のみによるのではなく、外部設計書に関するベンダとユーザとの間の協議などを経て、具体的な内容が固まっていくという側面もあります。そこで、この条項例では、要件定義書に加えて、そのような協議における決定事項も外部設計の仕様の一部とし、要件定義書及び協議での決定事項を合わせて

「外部設計仕様」とすることとしています（第●条（外部設計書の納入・検査・確定）2 項）。なお、協議の方法については、基本契約における一般的な規定として定めており、協議の内容を議事録として客観的に残すこととしています。

　次に、納入された外部設計書の検査から、検査合格を経て外部設計書が確定するまでの手続を規定しています（第●条（外部設計書の納入・検査・確定）2 項〜6 項）。

　ユーザに納入された外部設計書は、本条項例に定める手順を経て確定しますが、確定後の外部設計書に外部設計仕様との不一致等が発見された場合は、条項例 1 の契約不適合の規定により対応することとなります。

第4章　請負と準委任

Y社（ベンダ）は、X社（ユーザ）から、Xが従前使用していた販売管理システムに替わる新たなシステム（以下、「新システム」）の開発を受託した。

要件定義工程はスケジュールどおりに終えたものの、要件定義工程においてXの従業員がYに伝えていた内容に不足があったこと等から、その後の工程において、その不足分を補うために余分な作業が必要となったり、手戻りが発生するなどして、Yが当初見積もっていたものと比べて遙かに業務量が多くなった。そのため、当初合意した納入期限の時点では、新システム全体の6割程度しか完成していなかった。

Xは、新システムが完成しなかった原因はYによる作業の遅れだと考え、当初合意した納入期限の経過後に、Yに対して契約解除を伝え、その後は他のベンダに切り替えて、Yの作成したプログラム等を利用しつつ新システムの開発作業を継続した。なお、実際には、Yの作業は平均的なベンダに求められる水準を満たすものであった。

Yは、Xに対し、開発業務に対する報酬を請求したところ、Xは、本件システムが完成していないことを理由に報酬の支払いを拒んだ。

争点解説

1　総論

(1)　システム開発委託契約の法的性質

システム開発委託契約においては、契約の法的性質が、請負契約なのか準

委任契約なのかが問題になることがしばしばあります。請負契約では、役務提供の結果（仕事の完成）の給付が契約の目的となるとされ、請負人は仕事の完成義務を負うことになります。他方、準委任契約では、役務提供の結果（仕事の完成）の保証は契約内容にはならず、役務の提供自体が契約の目的となり、受任者は仕事の完成義務は負いません。ただし、準委任契約においても、ベンダはただ漫然と作業を行えば良いわけではないことは当然であり、成果物が完成しないことについてベンダに帰責性が認められれば、ベンダに善管注意義務違反が認められる場合もあります。

　契約の性質が、請負契約と準委任契約のいずれに決定されるかによって、当該契約に適用される民法の規定が異なってきます。すなわち、第一次的には契約書に規定された内容がベンダ・ユーザ間の契約内容となりますが、契約に定めの無い事項や、あるいはそもそも契約書がない場合においては、契約の解釈に当たって民法が適用されます。そして、請負契約と準委任契約はいずれも民法における典型契約であるため、特定の典型契約に性質決定されることによって、当該典型契約に係る民法の規定が適用されることになります。請負契約に係る規定は民法632条〜642条に、（準）委任契約に係る規定は民法643条〜656条にそれぞれ規定されており、両者の主な相違点は、後記2(1)の表に記載したとおりです。もっとも、民法の規定は基本的には任意規定であるため、契約において民法とは異なる内容を定めることで、民法の規定を上書きすることも可能です。

(2)　多段階契約・一括契約と契約の法的性質

　既に説明したとおり、システム開発委託契約の契約の方法としては、多段階契約と一括契約があります（多段階契約と一括契約の意義については、第1編第2章2参照）。

　多段階契約の場合には、締結する個別契約ごとに契約の法的性質を決定することになります。なお、一つの契約で複数の工程を対象とすることも可能であり、このような場合、理論上は、契約ごとではなく工程ごとに、請負と準委任のいずれにするかをそれぞれ決定することも可能です。ただ、実務上

は、法的性質を同じくする工程同士を一つの個別契約にまとめることが多く、そのまとめ方も比較的一般的なパターンが決まっているといえますので、結局のところ、個別契約ごとに法的性質が定まっているといえるでしょう。

(3) 契約の法的性質決定と契約条項の作成

システム開発委託契約を作成する際には、①請負契約と準委任契約のいずれとして締結するかを検討し（多段階契約の場合には、工程ごとに法的性質を検討し）、②契約の法的性質を踏まえて、民法によればどのような定めになるのかを確認した上で、③個別の事案ごとの具体的な事情に照らし、民法の定めを修正する必要があるか、あるいは民法に規定のない定めを追加すべきかどうか、を順に検討することになります。

(4) 契約の法的性質と紛争

一般的には、準委任契約はベンダ側に有利な場合が多く、請負契約はユーザ側に有利な場合が多いことから、紛争化した事案においては、ベンダ側は準委任契約である（よって、ベンダに仕事の完成義務はない等）と主張し、ユーザ側は請負契約である（よって、ベンダは仕事の完成義務を負う等）と主張することが多いといえます。ただし、実際には、必ずしも請負か準委任どちらかに分類されるものではなく、双方の性質を併せ持つと判断した裁判例もあります[12]。

なお、契約条項中に、契約の法的性質を特定する文言が記載されていた場合（例えば「開発請負契約」というタイトルや、「本契約は準委任契約とする」といった条項など）、裁判においては、法的性質を判断する一つの要素にはなりますが、それのみをもって法的性質が決定するわけではありません。請負契約か準委任契約かは、最終的には、契約の内容によって判断されますので、契約書の内容も、法的性質に沿ったものとしておくことが重要となります。

---

[12] 東京地判平成 24 年 4 月 25 日、東京地判平成 22 年 9 月 21 日判タ 1349 号 136 頁など

2　請負と準委任に関する民法の規定

(1)　請負契約と準委任契約の比較

　請負契約と準委任契約に係る民法の規定を比較すると、下表のとおりです。

　なお、準委任契約については、改正民法において、成果に対して報酬を支払う旨の合意がされた場合（以下、「成果完成型」）に関する規定が新設されました（648条の2）。これにより、準委任については、役務提供に対して報酬が支払われる場合（以下、「履行割合型」）と成果完成型の、二種類が存在することとなり、それぞれ異なる規律が設けられている部分があります。異なる規律となっている部分は、下表において区別して記載しています。

	請負契約	準委任契約
契約の目的	仕事の完成（632条）	事務の処理（656条）
ベンダの主たる義務	仕事の完成義務	善管注意義務（644条）
報酬の支払時期	仕事の目的物の引渡しを要する場合には引渡しと同時引渡しを要しない場合には仕事完成後（633条）	（履行割合型の委任）委任事務を履行した後（648条2項）
		（成果完成型の委任）成果が引渡しを要するときは成果の引渡しと同時（648条の2第1項）、引渡しを要しないときは成果達成後（648条2項）
中途終了時の報酬請求	請負人がした仕事の結果のうち可分な部分の給付により注文者が利益を受けるときは、注文者が受ける利益の割合に応じて報酬請求可能（634条）ただし、注文者の責めに帰すべき事由により仕事の完	（履行割合型の委任）既にした履行の割合に応じて報酬請求可能（648条3項）
		（成果完成型の委任）既にした事務処理の結果のうち可分な部分の給付により委任者が利益を受けるときは、委任者が受ける利益の割合に応じて報

	成が不能となった場合には報酬全額を請求可能（536条2項の法意）	酬請求可能（648条の2第2項、634条）
		（履行割合型・成果完成型共通）委任者の責めに帰すべき事由により事務処理が履行不能となった場合は報酬全額を請求可能（536条2項の法意）
任意解除権	注文者は、仕事完成前であればいつでも損害（履行利益を含む）を賠償して解除可能（641条）	双方に任意解除権あり（651条。ただし、相手方の不利な時期の解除及び受任者の利益をも目的とする委任の解除の場合には損害賠償責任あり）
再委託	制限なし。	委任者の許諾を得たとき、又はやむを得ない事由があるときのみ可能（644条の2）
ベンダの責任	仕事を完成させなかった場合（遅滞含む）の債務不履行責任 完成させた仕事の内容が契約の内容に適合していない場合の契約不適合責任	善管注意義務違反の場合の債務不履行責任

(2) 履行割合型の準委任と成果完成型の準委任の違い

　履行割合型と成果完成型のいずれも準委任契約には変わりないため、契約の目的は役務の提供自体であり、役務提供の結果（仕事の完成）の保証は契約内容にはならず、ベンダは仕事の完成義務を負わない点で共通します。他方、報酬の支払いについては両者それぞれ異なる規律が設けられています。具体的には、(ア)報酬の支払時期及び(イ)中途終了時の報酬請求についての規律が異なります。

ア　報酬の支払時期

　履行割合型の準委任の場合には、報酬は委任事務を履行した後に支払う後払いを原則としつつ（民法 648 条 2 項）、期間によって報酬を定めているときには、その期間を経過した後に報酬を請求することが可能となります（民法 648 条 2 項ただし書、624 条 2 項）。

　他方、成果完成型の準委任の場合、成果の引渡しを要する場合には、成果の引渡しと同時に（同 648 条の 2 第 1 項）、引渡しを要しない場合には、委任事務を履行した後（すなわち成果を達成した後）に（同 648 条 2 項）、ユーザに対して報酬の支払いを請求することが可能となります。

イ　中途終了時の報酬請求

　履行割合型の準委任の場合には、既にした履行の割合に応じて報酬を請求することができます（民法 648 条 3 項）。

　他方、成果完成型の準委任の場合には、既にした事務処理の結果が可分であり、かつ、可分な部分の給付によりユーザが利益を受けるときに限り、委任者が受ける利益の割合に応じた報酬請求が可能となります（同法 648 条の 2 第 2 項、634 条）。

(3)　請負と成果完成型の違い

　成果完成型の準委任は、成果の達成と報酬の支払いが双務的関係に立つという点で、請負と同様であるため、報酬の支払時期及び中途終了時の報酬請求については請負の場合に類似した規定（民法 648 条の 2）が設けられています。ただし、あくまでも準委任であるため、請負とは異なり、受任者は仕事の完成義務を負いません。

　すなわち、請負契約においては、ベンダは、仕事を完成させることができなかった場合には債務不履行となり、損害賠償義務を負担する可能性があるのに対し、成果完成型の準委任契約の場合には、ベンダは仕事が完成するように善管注意義務を果たせば債務を履行したことになるため、たとえ結果的に仕事が完成しなかったとしても、債務不履行責任を負うわけではないこと

になります（ただし、善管注意義務を果たしていたかについては別途問題となり得ます。）。その上で、成果完成型の準委任では、達成された成果に対して報酬が支払われるものであるため、仕事が完成しなかった場合には、報酬全額の支払いを受けることはできません（中途終了時の報酬請求について前記イ参照）。

3　民法の規定と契約条項の作成

　前記1(1)で述べたとおり、民法の規定は任意規定であるため、契約書において別途異なる内容を定めることも可能です。また、仮に民法の規定と異なる内容を定めるわけではない事項であっても、より事案に即した具体的な内容を契約上明確にしておくことは、後の紛争リスクを軽減するという観点からも有益です。

　例えば、請負契約として契約を締結し、ベンダが仕事の完成義務を負うと一口に言っても、その完成の基準の定め方によって、ベンダの負う義務の内容は大きく異なってきますので、システム開発契約においては、完成の基準をなるべく具体的に定めておくことが望ましいといえます（第2編第2章「完成・未完成」参照）。

　また、改正民法において、成果完成型の委任契約に関する規定が新設されたことにより、契約書に報酬の支払条件についての詳細な規定がない場合には、当該契約が成果完成型の委任契約であるか履行割合型の委任契約であるか（成果物の引渡しが報酬支払の要件となるか）が争点となるケースが増える可能性があります。例えば、準委任の形式で行うことが多い要件定義工程について、これまでは準委任であるがゆえに「要件定義書」という成果物を制作するのはユーザであって、ベンダはあくまでもその支援をするだけである（よって要件定義工程の報酬と要件定義書の完成とはリンクしていない）、という理解だったものが、（その当否は別にして）ユーザが成果完成型の準委任契約であると主張し、要件定義書が完成するまで報酬の支払いを拒むケース等が発生することが考えられます。そのため、改正民法から生じ得る紛争発生リスクを軽減するためにも、報酬の支払条件については、一義的に明確になるように契約書に明記しておく必要があります。

　なお、システム開発委託契約書を作成する際には、請負契約と準委任契約のいずれとして締結するかは交渉のゴールとなるものではなく、契約の性質決定はあくまでも交渉のスタートラインとして、民法のいずれの規定が原則的に適用されるのかを確定させるものです。その上で、各システム開発の個別の事情に照らして、民法の規律を修正したり、民法に定めのない事項を追加したり、あるいは民法の規定の文言（請負契約における「完成」等）の意義が当該契約との関係で明確になるような条項を具体的に定めるなどして、個別の契約ごとの実情に沿うような契約内容にすることが重要です。具体的な条件について当事者間の認識をすりあわせ、合意した内容を契約書に明確に定めておくことは、手間と時間のかかる作業です。特にシステム開発の実務においては、スケジュールの余裕がないことが多く、それゆえ契約書を締結せずに開発を開始したり、契約書について十分な検討時間が無いことが多いといえますが、そのような中でも、契約書の内容を明確に定めておくことは、いうまでもなく、後の紛争リスクを下げるためにも重要です。

4　法的性質の選択

　システム開発委託契約において、請負契約と準委任契約のいずれとして締結すべきかは、対象業務が仕事の完成と事務の処理のいずれを目的とするものであるか、対象業務の遂行にユーザの意思決定や協力等が必要か否か、契約締結時点や委託業務開始時点から成果物の内容が特定されているか、等の事情を考慮して決定します。

　もっとも、実務上は、工程ごとにいずれの法的性質を採用するかは概ね定まっています。例えば、システム開発委託契約における代表的なモデル契約である、経産省モデル契約〈第二版〉、JISA モデル契約、及び JEITA モデル契約は以下のとおりであり、このような法的性質の分け方が一般的な考え方といえるでしょう。

工程	モデル契約における個別業務と法的性質
要件定義	要件定義作成支援業務 【準委任型】
外部設計（基本設計）	外部設計書作成（支援）業務 【準委任型】【請負型】の選択
内部設計（詳細設計）	ソフトウェア開発業務 【請負型】
プログラミング	
単体テスト	
結合テスト	
システムテスト	【準委任型】【請負型】の選択
導入・受入支援	ソフトウェア運用準備・移行支援業務 【準委任型】
運用テスト	

　請負契約を選択する場合、ベンダは仕事の完成義務を負うことになるため、対象業務に着手する段階で、ベンダにおいて成果物の内容が具体的に特定できることが前提となります。ベンダが対象業務を開始する時点で成果物の内容を具体的に特定できず、ユーザ側の意思決定や協力等がなければ成果物が定まらないのであれば、契約類型としては請負契約にはなじまず、準委任契約が適しているといえます。

　要件定義工程は、ユーザ側においてもまだ具体的な成果物の内容を想定できておらず、ベンダがユーザ側の意見をくみ取りつつ要件定義書の作成を支援する段階ですので、通常は、作業開始時点においてはベンダが成果物の内容を具体的に特定することはできず、準委任契約が適しているといえます。

　他方、設計、プログラミングの工程は、要件定義工程によって成果物の内容が特定できていることが一般的であり、実務上は請負契約で行われることが多いといえます。なお、外部設計工程とシステムテスト工程は、開発対象物の内容によっては、ユーザ側の固有の業務要件に関わる部分が多い場合もあるため、準委任が適している場合もあります。

5　請負と準委任の実質的な区別の基準

　契約書には、システム開発委託契約を請負・準委任のいずれの契約類型として締結するかを明記しておくことが望ましいですが、実際には明記されていない場合も多く見られます。また、仮に契約類型が明記されていたとしても、他の条項の内容や開発作業の実態によっては、明記されているのと異なる契約類型である（あるいは、異なる契約類型の性質を併せ持つ）と解釈される可能性もあります。例えばシステム開発委託契約に関する紛争が生じた場合、契約締結時に想定していた契約類型と異なる契約類型と認定されてしまうと、当該契約に適用される民法の規定も異なってくるため、契約当事者にとって想定外の帰結となるリスクがあります。そこで、裁判実務上、どのような実質的な基準によって請負と準委任が区別されているかを理解することが、契約実務上も重要となります。

　このような、実質的基準に基づき契約類型を判断しなければならないという局面は、例えば以下のような紛争において顕在化します。すなわち、システム完成前にプロジェクトが頓挫した場合において、ベンダがユーザに対して未払報酬を請求した際に、ユーザ側が、当該システム開発委託契約が請負契約であると主張し、未完成ゆえ報酬支払義務が発生していないことを理由に、報酬の支払いを拒絶するような場合が典型的です。このような場合、ベンダは通常、契約の性質が準委任契約である（かつ、成果完成型ではない）ことを主張して、履行の割合に応じて報酬を請求できる旨反論しますので、そうすると、契約の法的性質が主たる争点となります。

　契約の法的性質を判断するに当たり、裁判例において検討された考慮要素としては、①完成までのスケジュールを記載した工程表が作成されていたかどうか、②ベンダの開発歴において、同程度以上のシステムを開発したことがあったかどうか、③代金支払時期、④報酬の決め方が単価方式（例えば、作業工数に単価を乗じて算出する方式）であるかどうか、⑤完成物の具体的な内容が確定していたかどうか、等が比較的よく挙げられている他、事案によっては、⑥完成すべき仕事の詳細部分が明確であるか、⑦仕事の完成が客観的に判断できるか、⑧仕事内容が量的に正確に見積もることができるか、⑨引

渡しがなされたシステムの調査・検収が行われるか、等も間接事実として検討されます[13]。

このような観点からすれば、システム開発委託契約の法的性質について、契約当事者の認識と実態とを一致させるためには、契約書に契約類型を明記するだけでなく、契約条項をその契約の法的性質に沿った内容としておくことが必要です。さらに、実際の開発作業も、契約条項及び契約類型に即したものとしておくことが重要です。例えば、契約条項に成果物の納品・検収についての規定があり、かつ、納品・検収が報酬支払の条件となる旨の規定がある場合には、その契約条項は、契約の性質が請負契約であることを推認させる要素の一つとして評価されますが、実際の運用において検収は実施されておらず、検収がなくても報酬が支払われていたような場合には、その推認力は大きく減殺され、逆に、準委任契約であると認定されてしまう可能性があるといえます。

6　事例の解説

Y社（ベンダ）は、当初X社（ユーザ）と合意していた作業期間中は本件システムの開発業務に従事し、その履行が終了したため、開発業務に対する報酬を請求しています。これに対しX社は、本件システムが全体の6割程度しか完成しておらず未完成であることを理由に、報酬の支払いを拒んでいます。

Y社の請求の当否を検討するに当たり、本件システムに係るシステム開発委託契約（以下「本件契約」といいます。）において、仕事が未完成の場合の報酬支払に関する規定が存在せず、これに関する当事者間の黙示の合意等も認定できない場合には、本件契約の法的性質に従った民法の規定が適用されることになります。

本件契約が準委任契約であり、かつ、成果完成型ではないと判断される場合には、受任者であるY社は、本件システムが完成しているかに否かにか

---

[13] 田中俊次ほか「ソフトウェア開発関連訴訟の審理」判タ1340号8頁、山口康夫『判例にみる請負契約の法律実務』（新日本法規、2006）423頁

かわらず、委任事務を履行した後であればX社に報酬を請求することが可能となります。しかし、Y社の開発業務に問題があった場合は、委任の本旨に従った委任事務の履行がないと評価され、Y社の報酬請求は認められません。そこで、この場合には、Y社が委任の本旨に従った委任事務の履行を行ったか否かが争点となり、両当事者は、Y社の開発作業の履行状況等について具体的な主張立証をしていくことになります。本事例では、Y社はX社と合意した作業期間において平均的なベンダに求められる水準において開発業務を履行していることから、Y社は債務の本旨に従った委任事務の履行をしていると評価でき、Y社の報酬請求は認められる余地があります。

　他方、本件契約が請負契約であると判断される場合、又は成果完成型の準委任契約であると判断される場合には、Y社の報酬請求権は、本件システムの引渡しと同時履行となるため、本件システムが未完成であるこの事例では、Y社の報酬全額の請求は認められないことになります。ただし、本件では、X社はY社が作成したプログラム等を利用しつつ他のベンダに本件システムの開発作業を引き継がせていることから、Y社としては、自己の受託業務の結果のうち可分な部分の給付によってX社が利益を受けているとして、その利益の割合に応じた報酬を請求していくことが考えられます。

 契約書における留意点

1　契約の性質を明記する

　これまで述べてきたとおり、システム開発契約を請負と準委任いずれの典型契約として締結するかは、具体的な契約条項の内容を検討する前提となるものであり、その契約類型に適用される民法上の規定を前提に、個別の事案ごとに民法の規定を修正する必要がある部分はどこか、民法に規定はない事項について追加で定めるべき事項はないか、及び民法の規定の文言の意義が当該契約との関係で明確にするために定めるべき条項はないかを順に検討することになります。よって、契約交渉において契約の法的性質を当事者間で合意し、契約書に明記しておくことが望ましいといえます。

2　具体的な契約条項を契約の性質に沿う内容とする

　争点解説5で述べたとおり、契約の性質を明記していたとしても、契約書の他の条項の内容によっては、他の異なる契約類型の契約である（あるいは、他の異なる契約類型の性質を併せ持つ）と解釈される可能性があるため、具体的な契約条項を、契約の法的性質に沿った内容としておくことが重要となります。

(1)　請負契約の場合

　請負契約の場合には、仕事の完成、すなわち成果物であるシステムの給付が契約の目的であることを明確にすべきです。そのためには、成果物の内容を可能な限り具体的に特定しておく、成果物の納期を明確に規定しておく、完成した成果物の検収手続に関する規定を設ける、検収の完了を報酬支払の条件として規定しておく、成果物に瑕疵があった場合にはベンダが契約不適合責任を負う旨及びその責任の内容等について規定しておく、どのような状態になれば仕事が「完成」していると評価できるのか明確にしておく（仕事の完成に関する契約条項の詳細は第2編第2章「完成・未完成」参照。）、といった内容を踏まえた規定を設けることが望ましいといえます。

(2)　準委任契約の場合

　準委任契約の場合には、前項における請負契約の場合とは逆に、成果物の内容を特定する内容とはしない、成果物の納期ではなく作業期間という定め方にする、検収手続に関する規定は定めない、納品・検収を報酬支払の条件としない、成果物に関する契約不適合責任の規定を置かない、といった内容を踏まえた規定を設けることが考えられます。さらに、準委任契約特有の条項として、ベンダによる業務完了報告書の提出義務やユーザによる報告書の確認手続についての規定を設ける、といったことも考えられます。

3　報酬支払の条件について明記しておく

(1)　請負契約の場合

　請負契約の場合には、仕事の完成があって初めて報酬を請求できるとするのが民法の規定ですが（633条）、同条は任意規定であるため、報酬の支払時期について、契約上の特約があれば、それに従うことになります。例えば、成果物について、開発工程ごとに中間成果物を設定し、中間成果物の引き渡し時に報酬額を分割払いするといった定め方も可能です。

(2)　準委任契約の場合

　準委任契約の場合には、**争点解説2**で述べたとおり、改正民法において、成果完成型の委任契約に関する規定が新設されたことに特に留意する必要があります。すなわち、契約の性質が請負か準委任かの問題において、準委任であるとされた場合であっても、次に、それが成果完成型か履行割合型かが問題となり得るからです。成果完成型か履行割合型かの区別には、成果物の完成が報酬の支払条件となっているかどうかが重要な基準となりますので、報酬の支払条件について一義的に明確になるように契約書に明記しておく必要性が、これまで以上に高くなっているといえます。

 条項例

1　契約の法的性質の明記

(1)　条項例（甲：ユーザ、乙：ベンダ）

> **第●条（外部設計書作成業務の実施）**
> 1．乙は、第●条の規定により確定された要件定義書に基づき、本件業務として本件ソフトウェアの外部設計書作成業務を行う。
> 2．外部設計書作成業務は、請負契約とする。
> 3．外部設計書作成業務の実施に際し、乙は甲に対して必要な協力を要請できるものとし、甲は乙から協力を要請された場合には、適時にこ

れに応ずるものとする。

(2) 解説

争点解説4で述べたとおり、システム開発においては、対象とする工程ごとに法的性質を定めることが一般的です。この条項例は、第2項において、外部設計工程を請負契約とする旨を明記したものです。

2 報酬支払の条件（請負契約の場合）

(1) 条項例（甲：ユーザ、乙：ベンダ）

第●条（委託料の支払い）

甲は、以下のとおり、乙に対し、前条の委託料を、乙の指定する銀行口座に振り込む方法により支払う。

(1) 着手金

金　　額：●円（消費税込み）

支払時期：●年●月●日

(2) 中間金

金　　額：●円（消費税込み）

支払時期：内部設計書の検収が完了した日から●日以内

(3) 報酬金

金　　額：●円（消費税込み）

支払時期：本件ソフトウェアの検収が完了した日の属する日から
　　　　　●日以内

(2) 解説

多段階契約の場合、工程ごとに報酬額及びその支払方法が定められることが通常であるため、基本契約においては報酬額及びその支払方法については定めず、開発フェーズごとの各個別契約において定められることが実務上多

く見られます。この条項例は、個別契約において定めることを想定したものです。

　請負契約の場合、民法上は仕事の完成があって初めて報酬を請求できると規定されていますが、実務上は、この条項のように、開発段階ごとに中間成果物を設定した上で、中間成果物ないし最終成果物の引渡し完了時に報酬額を分割払いするように定めることもあります。

3　報酬支払の条件（準委任契約の場合）

(1)　条項例（甲：ユーザ、乙：ベンダ）

第●条（委託料の支払い）

　甲は、乙が第●条に定める確認報告書を甲に交付した日から●営業日以内に、乙に対し、前条の委託料を、乙の指定する銀行口座に振り込む方法により支払う。

---

(2)　解説

　この条項例も、個別契約において定めることを想定したものです。準委任契約においては、成果物の完成が報酬支払の条件となるか否かについて疑義が残らないように、報酬の支払条件を明確に記載しておく必要があります。この条項例では、業務完了報告書のユーザ（甲）による確認手続（確認報告書の交付）の完了を条件に、報酬が支払われる旨を規定しています。これは、（確認報告書の完成という観点からは成果報酬型という側面もありますが）主たる業務である開発業務との関係では、成果物の完成が報酬支払の条件となっていませんので、履行割合型の準委任であることが分かります。

第5章　履行遅滞

事例

　X社（ユーザ）は、新規事業としてECサイトを行うことを計画し、令和2年11月30日、同事業で使用するシステム（以下、「本件システム」）の開発をY社（ベンダ）に委託した。

　Xは、遅くとも令和4年2月にはECサイトをオープンしたいと考えていたところ、本件システムの開発委託に関する契約の締結に先立ってYから提示された開発スケジュールには、完成予定日は令和3年12月20日と記載されていた。そこでXは、Yと本件システムの開発委託契約を締結したが、その開発委託契約書には、本件システムの納期は具体的には記載されていなかった。

　開発作業の開始直後から、Yの作業遅滞によって、開発スケジュールから大きく遅れることとなり、令和3年11月になると、Yは、本件システムの完成は令和4年4月末日になる見込みである旨をXに通知し、同日を完成予定日とする開発スケジュールを提示した。Xは、ECサイトのオープン時期を遅らせて、本件システムの開発を継続することにし、開発作業への協力を継続した。その際、Yと良好な関係性を保つことを重視して、特に書面等で異議を述べることはせず、「今回は必ず期限を守るように」とのみ伝えた。

　しかし、同年2月に入ると、競合会社が3月にECサイトをオープンすることを発表したため、Xにおいて再度ビジネス的観点から検討した結果、他社に遅れて参入しても顧客獲得が困難であることが予想されたことから、ECサイト自体を中止することにした。そこで、Yに対し、Yの履行遅滞を理由として、本件システムの開発委託契約を解除する旨

を通知した。Ｙは、履行遅滞にはあたらないと主張しており、本件システムの開発の継続を望んでいる。

争点解説

1　システム開発における履行遅滞

システム開発においては、種々の事情により当初の計画どおりに開発スケジュールが進行せず、予定されていた納期までにシステムの完成が間に合わない事態がしばしば発生します。この場合、ユーザは、そのような開発遅延すなわち履行遅滞を理由として、ベンダに対する損害賠償請求や、システム開発委託契約の解除を検討することになります。すなわち、履行遅滞によってユーザが損害を被った場合は、被った損害についてベンダに損害賠償請求をすることを検討し、履行遅滞によって当該システム開発の目的が達成できなくなった場合は、システム開発委託契約の解除を検討することになります。

損害賠償については第 8 章「損害賠償」で、契約解除については第 7 章「契約解除」で、それぞれ詳述していますので、ここでは、損害賠償及び解除の前提となる履行遅滞の要件について説明します。

履行遅滞に陥っているというためには、①特定の納期（履行期）が合意されており、②ベンダが当該納期を徒過したことが必要になります。なお、納期前の開発途中の段階でも、既に各作業がスケジュール上の作業期間を大きく遅延しているような場合もありますが、契約上の納期がまだ到来していないのであれば、その時点では納期を徒過していないため、履行遅滞とは認められません。ただし、このような場合においても、各作業の遅滞の状況に照らし、もはやシステムの完成が実現可能とはいえないと評価し得る程度のものであれば、履行期前の時点でも、社会通念上履行不能であると認定される場合もあります[14]。

なお、ベンダは、ユーザから履行遅滞に基づく損害賠償請求をされた場合

---

[14] 東京高判平成 29 年 12 月 13 日

には、当該履行遅滞についてベンダには責めに帰すべき事由がないことを主張立証することで損害賠償責任を免れることができます（民法415条1項ただし書き）。また、ユーザから履行遅滞に基づく解除を主張された場合には、契約上別段の定めがない限り、当該履行遅滞についてはユーザに帰責性があることを主張立証することで、解除を免れることができます（同法543条）。

　以下では、納期の合意、納期の変更及び履行遅滞の帰責性について説明します。

2　納期の合意

(1)　納期の意義

　システム開発においては、システムの完成予定日すなわち納期が定められるのが通常です。ユーザ側からすれば、開発するシステムを事業に用いるわけですから、いつシステムが完成するのかは事業計画等において重要であり、ベンダ側としては、そういったユーザのニーズと、開発期間の見込みなどを踏まえて、予め開発スケジュールを立てることになります。このように、システム開発においては、その完成予定日についてユーザ及びベンダの間で何らかの形で認識が共有されている場合がほとんどです。

　このように共有されている認識が、具体的な納期日という形で契約書に落とし込まれていれば明確です。しかし、実務上は必ずしもそうではなく、契約書には「納期については別途協議」としか記載されていなかったり、あるいは納期日の記載があっても、開発作業途中に当事者間で納期を変更したかどうかが問題となる場面もあります。このように、完成予定日についてベンダとユーザとの間で一定の認識の共有があったとしても、それら全てが、必ずしも、法的な意味での納期の合意、すなわち、履行遅滞の前提として必要となる履行期の合意とはいえない場合もあります。

　特に、システム開発においては、システムの具体的な仕様・要件が契約締結時には細かく定まっておらず、実際に開発を進めていく中で仕様が固まっていくようなケースも多数あり、そのように仕様が固まってからでないと、開発の難易度や全体的な作業分量が分からないということもあります。そう

すると、一般に、ベンダとしては、確定的な納期を約束することには慎重になる傾向があるといえます。他方、ユーザにとっては前述のとおり、事業計画との関係で納期は重要であり、可能な限り早い段階で納期を確定した方が望ましいのが通常です。このように、納期の確定についてベンダとユーザとで利害が異なるため、契約締結時にシステムの完成時期について一定の認識が共有されているとしても、それが履行期としての納期の合意なのか、単に作業スケジュールの目安としての意味を有するに過ぎないのか、はっきりしない場合もあります。

　納期の合意があると認められるためには、単にビジネス上の目標や作業スケジュールの目安としての意味を超えて、法的な意味での履行期の合意であると認められる必要があります。例えば、東京高判令和 3 年 4 月 21 日判タ 1491 号 20 頁は、ベンダ及びユーザの双方が、特定の時期でのシステム稼働開始をビジネス上の目標として真剣に努力していたとしても、ビジネス上の目標がそのまま契約上の債務として合意されるとは限らないと判示し、特定の時期でのシステム稼働開始がベンダ及びユーザ間でのビジネス上の目標であったという事実は認定しつつ、各個別契約に履行期限の記載がないこと等を理由として、法的な意味での納期の合意はなかったと判断しています。

(2)　納期の合意の認定

　納期の合意は、実務上、契約書の記載、工程表の記載、又は開発過程における当事者のやり取りといったところから認定されることとなります。

　以下、詳述します。

ア　契約書の記載

　契約書において納期が明確に定められていれば、これが流動的なものであることを窺わせるような記載がない限り、基本的には契約書の記載どおりに納期が認定されることが多いといえます[15]。そのため、ベンダ及びユーザ

---

[15] 東京地判平成 16 年 10 月 8 日参照。

は、納期の合意が存在するのであれば、後の紛争リスクを軽減するために
も、納期をきちんと契約書に明記しておくべきです。

　契約書に納期が明確に定められていない場合（例えば「別途協議」としか記載
されていない場合等）において、後日、納期を巡っての紛争になった場合は、
開発作業の工程表の記載や、開発中における当事者間のやり取りの内容等か
ら、納期の合意の有無や具体的な納期日が認定できるか否かが問題になりま
す。

　なお、契約書に納期が定められていても、開発途中に納期が変更になる場
合もあり、そのような場合も、納期がいつなのかが問題になりますが、この
ような納期の変更については、後述3にて説明します。

イ　工程表の記載

　契約書に納期が明記されていない場合であっても、開発スケジュールを記
載した工程表にある開発完了予定日が、契約上の義務が生じる納期の記載と
いえるのかどうかが、しばしば問題となります。

　この点、個別の事案毎の具体的な事情にもよるものの、工程表は、本来的
にはスケジュール管理のための作業予定を記載するものであるため、工程表
に完成予定時期の記載があっても、それが必ずしも法的な意味での納期の合
意と認められない可能性も、相当程度高いといえます。

　例えば、東京地判平成25年12月19日は、ベンダが提出した開発スケ
ジュールに各工程の完了日が記載されていたことは認定しつつも、「開発ス
ケジュールは、原告が契約内容を達成するための工程を記載したものにすぎ
ず、その記載内容が直ちに法的な債務となるものではない。したがって、上
記各日が履行期限であるとはいえない」として、開発スケジュール記載の完
了日を法的な意味での履行期限とは認めませんでした。

　また、東京地判平成24年12月17日は、工程表には納期に相当すると解
される「完成予定日」の記載があると認定しつつ、①その後に作成された覚
書には納期について何ら定めがなく、契約締結前にベンダがユーザに交付し
た見積書では納期については「別途相談」と記載されているにすぎないこ

と、②契約時にはデザインが定まっておらず、当該デザインはユーザが発注した別の業者が作成することになっていたため、ベンダによる開発の進捗は外部要因によって左右されざるを得ないものであったこと、及び③工程表は、ユーザから「最短の見積りを出してほしい」旨を求められて作成し、特段の問題なく最短で進んだ場合のスケジュールを記載したものであること等から、上記日付を納期とする合意があったとは認めませんでした。

　他方、単に工程表に記載されていただけでなく、これを納期とすることが両当事者にとって開発委託契約締結の前提となっていたと認められる事情がある場合には、工程表の存在が納期の合意を推認させる場合もあります。東京地判平成 18 年 6 月 30 日判時 1959 号 73 頁は、ベンダが、開発委託契約の締結に先立ち、工程表に基づいてユーザに開発工程を説明し、特定の時期までに開発が終了する旨を説明しており、ユーザとベンダは当該説明を前提に開発委託契約を締結したものと認められるとして、工程表に基づいて口頭で説明された期日を納期とする合意があったと認定しました。

ウ　開発過程における当事者間のやり取り

　開発委託契約締結時には納期について当事者間で特に話合いがなされていない事案では、契約書に納期が明記されておらず、開発スケジュールが記載された工程表も作成されていない場合もあります。この場合でも、開発過程においては、メールや文書等により当事者間で納期に関するやり取りがなされることがあり、その内容次第では、当該やり取りから納期の合意が認定されることもあります。

　例えば、東京地判平成 26 年 4 月 7 日は、EC サイトの受発注管理システムの開発過程において、①ユーザがベンダに対して納品日をメールで送信し、②ベンダがこれに沿った残りの開発スケジュールをメールで提案していたが、③その後、ベンダからユーザに対し、サイト開設日を延長したい旨及び延長後のサイト開設日を提案する旨の書面を送付したところ、④ユーザは、③でベンダが提案したサイト開設日よりもさらに先の期日に納品日を変更する旨のメールを送信していた事案において、④でユーザが指定した期日

は、他の決済システムに移管する期限を考慮して決定されたという事情も考慮すれば、「一応の目途として定めた希望日に過ぎないとは言い難い」として、納期として合意されたものと認定しました。

3　納期の変更

契約締結後にユーザからの要望で多くの要件が追加された場合や、ベンダの開発作業の遅れによって開発スケジュールに遅延が生じた場合等においては、開発途中の段階で、当初合意した納期でのシステム完成が難しいことが明らかになることがあります。

このようなケースにおいて、書面等によって明示的に納期の変更を合意しているのであれば、基本的には当該書面の記載どおりに変更合意が認定されることが多いことは、納期の合意の認定と同様です。他方、そのような場合でも、ベンダとユーザが協議の上で、又は特段の協議を経ないまま、納期を明示的に変更することなく、そのまま開発作業を継続するケースも多く見られます。このように、納期の変更について明確な合意がなされないまま開発作業が継続していた場合には、後日、当事者間で争いが生じることがあります。

例えば、東京地判平成22年5月21日では、ユーザが納期の延長を容認するような言動をしていたことを理由に、ベンダは納期延長の合意があったと主張しましたが、裁判所は、「開発遅延を理由とするソフトウェア開発契約の解除は、注文者（注：ユーザ）にとっても、発注のやり直し等による不都合が生じる場合が少なくないことから、注文者としては、開発が遅滞した状態にあったとしても、直ちに契約を解除することなく、暫定的に請負人（注：ベンダ）に協力して開発を進めていかざるをえない」と述べた上で、ユーザが、納期直前に変更や追加を要望したり、遅延したスケジュールを前提として自己の作業を進めたりしていたからといって、それが納期の延長を承諾する意思があったものと直ちに認めることはできないと判示して、納期延長の合意があったとするベンダの主張を排斥しました。

他方、明示的な納期変更の合意がなされていなくとも、黙示的な合意によ

り、納期変更の合意が認定されることもあります。東京地判平成 29 年 1 月
20 日は、ベンダが、当初合意していたロンチ日を 6 日間延期させたマイルス
トーンをユーザに送付し、ユーザ側が「これを認めなかったという証拠はな
い」ことから、当事者間の黙示の合意によって納期が延期されたと認定し、
さらに、その延期された納期を徒過した後、ベンダが再度「最短のスケ
ジュール」として提示したロンチ日につき、ユーザが、「ワーストスケジュー
ル」であるが、「期限厳守」の「必達」を願うとの返信をしたことから、ユー
ザは、再延期後の期日を守ることを絶対の条件として、再度の納期延期を認
め、ベンダに期限の猶予を与えたものと評価しました。

　また、東京地判平成 24 年 3 月 27 日は、納期の合意はなされていたもの
の、契約当初より制作物の修正内容によっては延期もあり得るものとされて
いたこと、現に当初の納期が経過した後も、ユーザから制作の遅れについて
特段の異議が述べられることなく、ユーザの協力の下に制作作業が続けられ
ていたこと等に鑑みて、納期は黙示的に延期されていたと認定しました。

　このように、書面等で明示的かつ客観的に納期の変更を合意しているわけ
ではない場合、納期の変更が認められるかどうかは、具体的事情次第といえ
ます。そこで、当事者としては、納期変更の合意の有無や変更後の納期につ
いて、自らの意図に反する認定がされることを避けるため、書面等で残して
おくことが重要であり、そのためにも、納期変更の方法（例えば、書面による
等）を契約書に規定しておく等、納期変更の手続についても契約上きちんと
明記しておくことが望ましいといえます。

4　履行遅滞についての帰責性

　前述のとおり、履行遅滞に基づく損害賠償及び契約解除においては、ベン
ダは、①履行遅滞についてベンダに帰責性がなければ、ユーザへの損害賠償
責任を免れることができ（民法 415 条 1 項ただし書き）、②履行遅滞について
ユーザに帰責性があれば、履行遅滞を理由とする契約解除を免れることがで
きます（同法 543 条）。

　このように、ベンダとユーザのどちらに帰責性があるかによって、損害賠

償及び解除の可否が異なってくるため、帰責性の有無がどのように判断されるかが重要となります。

この点は結局のところ事実認定の問題ですが、システム開発はユーザとベンダの共同作業であって、互いに協力して作業を進める必要があることから、履行遅滞についてベンダの作業遅滞のみに原因があるとか、ユーザに原因があるといったように、どちらの責任か単純に言い切れるケースは多くありません。

そのような中で、帰責性の判断において実務上考慮すべき重要な要素としては、第2編第1章「プロジェクトマネジメント義務とユーザの協力義務」で説明した、ベンダのプロジェクトマネジメント義務とユーザの協力義務があります。

例えば、ユーザが仕様変更の要望を出したことにより、スケジュールが遅延してしまったような場合を想定します。そのような場合であっても、単純にユーザに帰責性があるというわけではありません。ベンダがプロジェクトマネジメント義務を負っていることに鑑みると、ユーザからすれば、ユーザからの仕様変更申入れに応じることでシステムの完成時期が大幅に遅延することが見込まれるのであれば、ベンダはプロジェクトマネジメント義務の一環として、その専門的知見、経験に照らしてこれを予見し、ユーザに対して説明すべき義務を負っていたといえます[16]。よって、ベンダにはプロジェクトマネジメント義務違反があるといえ、故に履行遅滞の帰責性がベンダにあるという主張に繋がります。

他方、ユーザが協力義務を負っていることに鑑みると、ベンダからすれば、ユーザは、大量の追加要望を出すなどして開発作業を妨害しないという義務を負っていたり、開発過程において必要な協力をする義務を負っているのであって[17]、ユーザがこういった協力義務を履行しなかったことが履行遅滞の原因であり、したがって履行遅滞の帰責性はユーザにあると主張することが考えられます。

---

[16] 東京高判平成 26 年 1 月 15 日
[17] 札幌高判平成 29 年 8 月 31 日判時 2362 号 24 頁

　履行遅滞について、プロジェクトマネジメント義務の違反の有無の観点から判断し、ベンダに帰責事由がないとされ、ユーザに対する損害賠償責任を免れた事例としては、例えば前掲札幌高判があります。この判例では、ベンダが、プロジェクトマネジメント義務の履行として、追加開発要望に応じた場合は納期を守ることができないことを明らかにした上で、追加開発要望の拒否を含めた然るべき対応をしたこと、及び納期を守るためには更なる追加開発要望をしないようユーザを説得したり、ユーザによる不当な追加開発要望を毅然と拒否したりする義務まではベンダは負っていないこと、を認定し、ベンダには履行遅滞についての帰責性がないと判示しています。

5　事例の解説

　X社（ユーザ）は、Y社（ベンダ）に対し、Y社による履行遅滞を理由として、本件システムの開発委託契約の解除を主張しています。これに対しY社は、履行遅滞にはあたらないとして争っています。履行遅滞に陥っているというためには、①納期が合意されており、②ベンダが当該納期を徒過したことが必要です。本事例においては、まず納期の合意が認められるのかが問題となり、納期の合意が認められる場合には、納期延長の合意が認められるかが問題となりますので、以下それぞれ検討します。

(1)　納期の合意

　X社としては、契約締結前にY社から令和3年12月20日を完成予定日とする開発スケジュールが提示されていたことをもって、同日が当事者間で合意した、契約上の本件システムの納期である、と主張することが考えられます。これに対しY社は、契約書に納期の記載がないこと、及び開発スケジュールに記載された完成予定日は、あくまでスケジュール管理のための作業予定ないしビジネス上の目標としての意味を持つに過ぎず、法的な意味での納期として記載したものではないこと、を反論することが考えられます。

　争点解説2(2)イで挙げた各裁判例に照らせば、契約書に納期についての規定がなく、単に開発スケジュールに完成予定日が記載されていたというだけ

では、法的な意味での納期とは認定されない可能性が高いといえます。ただ、例えば、X社の事業計画との関係で開発スケジュール上の完成予定日までに本件システムを完成させる必要があることがY社にも共有され、Y社がこれを受けて開発スケジュール記載の完成予定日までには本件システムの開発は終了する旨を説明したこと等、ユーザとベンダの双方が、当該完成予定日を前提に開発委託契約を締結したものと認められる事情がある場合には、開発スケジュール記載の期日を納期とする合意があったと認められる可能性もあります。

　X社としては、開発スケジュールに記載された完成予定日を法的な意味での納期としたかったのであれば、きちんと契約書において納期として記載しておくべきだったといえます。

(2)　納期の変更

　法的な意味での納期の合意が認められる場合であっても、Y社としては、X社との黙示の合意によって納期が延長されたと主張することが考えられます。

　Y社は、当初の完成予定日を経過する前に、本件システムの完成が令和4年末日になる旨をX社に通知しており、これに対してX社は、特段異議を述べることなく、開発作業への協力を継続しています。さらに、「今回は必ず期限を守るように」との返信をしていることからすると、**争点解説3**で挙げた東京地判平成29年1月20日に照らし、延期後の期限を遵守することを絶対の条件として、X社はY社に期限の猶予を与えたと評価される可能性もあります。ただし、同じく**争点解説3**で挙げた東京地判平成22年5月21日が述べているとおり、ユーザの立場としては、開発が遅滞した状態にあったとしても、直ちに契約を解除することなく、暫定的にベンダに協力して開発を進めていかざるを得ないこともあるため、ユーザが納期の延長に合意していたことの認定は慎重になされることから、その他の具体的な事情によっては、やはり納期延長の合意は認められないと判断される可能性もあります。

契約書における留意点

1　納期の明記

　既に説明したとおり、システム開発紛争において納期の合意の有無が争われる事案の多くは、契約書において納期が明確に定められていないケースです。契約書に納期が明確に定められていれば、これが流動的なものであることを窺わせるような記載がない限り、基本的には契約書の記載どおりの納期が認定されることが多いですし、そもそもベンダから納期の合意について争われることも少ないといえます。

　そのため、後の紛争リスクを軽減するためにも、契約締結にあたっては、まず特定の年月日で納期を合意した上で、当該納期をきちんと契約書に明記しておくべきです。その際には、法的拘束力のある納期であることについて疑義を生じさせないように、単なるビジネス上の目標や作業スケジュールの目安であるかのように誤解されるような記載が入らないように留意する必要があります。実務上は確かに、契約締結時には納期の目処が立たないことや、相手方との関係性に配慮して柔軟な定めにせざるを得ないようなこともしばしばあり、その結果、「別途協議」のような記載になってしまう場合もありますが、そういった記載は、後日の紛争のリスクとなることに留意する必要があります。

　また、第2編第2章「完成・未完成」で説明したとおり、多段階契約における個別契約はそれぞれ別個独立した契約と考えられ、「仕事の完成」は個別契約毎に切り離して判断されると解されていますが、納期についても、基本的には個別契約毎に納期の合意の有無が判断されます。そのため、納期は個別契約毎に記載しておくのが望ましく、個別契約に複数の工程が含まれる場合には、それがどの工程の作業についての納期であるのかが明確になるよう記載する必要があります。

2　納期（契約内容）の変更の手続

　システム開発においては、開発途中の段階で、当初合意した納期でのシス

テム完成が難しいことが明らかになったときでも、契約上の納期を変更する合意がなされたかどうか曖昧なまま、開発作業を継続する場合も多く見られます。このような場合においても、通常は、当事者間では納期を変更することについて何らかのやり取りをしているため、そのようなやり取りをもって納期変更の合意がなされたといえるのかどうか、当事者間で争いが生じる可能性があります。

　このような紛争リスクを軽減する方法として、契約書に契約内容の変更の手続について定めておくことが考えられます。例えば、納期変更は当事者双方の記名捺印した書面によることを要する旨を記載しておけば、基本的には、書面によらない場合には納期変更の合意が認められないこととなり、当事者が意図していない納期変更の合意の存在又は不存在が認められてしまう、といったリスクを軽減することができます。

　例えば東京地判平成29年5月15日では、黙示的な納期の変更の有無が争点になった事案において、契約書に「納期の変更」との見出しで「原告（ベンダ）は、契約物品につき納入遅延のおそれがある場合は、その理由及び納入予定日等を直ちに被告（ユーザ）に通知し、被告の指示を受けるものとする。」旨が規定されており、同規定に基づく形で、ベンダが納期の延期を申入れ、被告がそれに応じて希望する納期を伝えていたことを、納期の変更についての黙示的同意を推認させる事情の一つとして考慮しています。ただ、このような、「被告（ユーザ）の指示を受ける」という条文の書きぶりでは、具体的にどのような場合に納期の変更の合意が認められるのかが不明であるため、規定として十分とはいえません。規定の内容がこのように曖昧になる背景としては、双方書面で合意した場合のみ変更が可能という厳格な規定（ユーザが有利）と、納入遅延のおそれがある場合にユーザに通知すれば納期の延期が認められるという緩い規定（ベンダが有利）、の間をとった書きぶりにせざるを得ない、といった事情もあるように見受けられますが、いずれにせよ、何も規定が無いよりはよいでしょう。

条項例

1　契約全体及び工程毎の納期の定め

(1)　条項例（甲：ユーザ、乙：ベンダ）

> **第●条（作業期間又は納期）**
>
> 1．本件業務の最終納期は、●年●月●日とする。
>
> 2．各個別業務の作業期間又は納期は、当該個別業務に係る当該個別契
>   　約で定める。
>
> 3．本件業務の最終納期が第1項の期日を徒過する可能性が生じた場
>   　合、乙は、速やかに、甲に対して合理的な根拠を提示して、納期の変
>   　更につき協議するものとする。

(2)　解説

　本条は、システムの最終納期及び開発工程における各個別業務の作業期間及び納期について定めています。

　最終納期をこのように基本契約で規定しているのは、各個別契約において、納期が明記されなかったり、納期が変更されたか疑義が生じたりした場合においても、最終成果物の納期が明確になるためです。それゆえ、ユーザにとっては望ましい規定ではありますが、ベンダにとっては厳しい義務となりますので、注意が必要といえます。

　各個別契約は、それぞれ契約として独立していますので、個別契約毎に作業期間及び納期をそれぞれ定めることにしています（2項）。

　3項は、履行遅滞が見込まれる場合に、ベンダは速やかにユーザと「納期の変更」について協議する旨を規定しています。納期の変更は極めて重要な事項のため、当事者がなるべく早い段階で納期徒過の可能性を把握できるよう、ベンダがとるべき対応を契約上定めておくものです。なお、この規定はあくまでも協議に関する手続のものであり、納期の変更については、次項で説明する「本契約及び個別契約内容の変更」の定めによります。

2　納期（契約内容）の変更の手続

(1)　条項例

> **第●条（本契約及び個別契約内容の変更）**
>
> 　本契約及び個別契約の内容の変更は、別途、当事者双方が署名又は記名捺印した書面により変更契約を締結することによってのみこれを行うことができる。

(2)　解説

　本条は、契約内容の変更の方法について規定しています。納期も、本条の「本契約及び個別契約の内容」に含まれるところ、この規定は、**争点解説3**で前述したとおり、当事者が意図していない納期変更の合意の存在又は不存在が認められてしまうことを防ぐ機能を有します。

第6章　仕様変更（機能追加）

Q 事例

　X社（ユーザ）には、顧客管理等の各種システムについてAシステムとBシステムという二つのシステムが存在し、これらは別々に運用、形成されてきたものであった。Xの経営陣は、統一のシステムに刷新すると決定し、提案依頼書（RFP）を作成してY社（ベンダ）に基幹システムの開発を依頼した。なお、RFPにはAシステムに採用されていた「顧客情報の統計作成機能」についても採用することが明記されていた。

　契約はいわゆる多段階契約で締結することとなり、YとXは、まず要件定義作成に関する個別契約を締結した。これに基づき、Yによる支援を受けてXのシステム部が要件定義書を作成し、作業が完了した。完成した要件定義書には、「顧客情報の統計作成機能」についての記載はなかった。

　その後、基本設計に関する個別契約を締結し、Yは基本設計工程を進めた。その中で、Xの現場部門であるカスタマ部門も交えてシステムの画面等のインターフェースについて協議したところ、Xから、顧客情報の統計が作成できないシステムは許容できないと強い反対があり、Yは基本設計作業を進めることができなくなってしまった。

　この事態を打開するため、Yは、別途契約を締結することなく、顧客情報の統計作成機能の仕様を含んだ「新」要件定義書を作成した上で、Xに対して、開発期間の1年間延長及び5億円の費用増額となる開発計画を提案した。これに対してXの経営陣は、当初の予定から大幅に遅れることは許容できず、またRFPに記載していた項目にもかかわらず費用が増額するのはおかしいと主張し、Xは、Yの履行遅滞を理由に基

本設計に関する個別契約を解除すると主張してきた。

　Ｙは、履行遅滞の原因はＸにあり、履行遅滞解除は理由がなく、むしろ、Ｘのシステム部門とカスタマ部門の連携がとれていなかったことにより、基本設計工程において余分な費用が生じ、加えて契約の対象外にもかかわらず「新」要件定義書まで作成しなければならなくなったとして、Ｘに対して、「新」要件定義書作成に要した人件費として、主位的に報酬請求を、予備的に損害賠償請求をした。

 争点解説

1　仕様変更や機能追加が問題となる背景

　事例は、要件定義工程完了の段階では、ベンダとユーザとの間で「顧客情報の統計作成機能」を開発しないという仕様が確定したにもかかわらず、その後の基本設計工程において、ユーザからこの機能が必要と主張され、これに対応せざるを得なくなったという事案であり、これは、ベンダからすると仕様変更がなされたものといえます。他方、「顧客情報の統計作成機能」を開発当初から要求していた機能であると認識しているユーザからすれば、仕様変更ではなく当初仕様のとおりの開発を指示しているということになります。

　システム開発においては、このような工程途上における仕様変更や機能追加が常に問題になります。ユーザがシステム開発を発注する際には、そのシステムで実現したい機能などを開発するという目的があって発注しますが、システム自体は有体物ではないため、開発前の段階では、ベンダに対してはいわば「イメージ」を伝えることしかできません。また、ユーザが現に使っているシステムの代替としてシステム開発を依頼する場合には、従前のシステムに含まれていた機能の全てを仕様として明示していないということもあります。なぜなら、そのような機能は、ユーザにとっては当たり前の機能であり、新システムにおいても当然含まれている機能であると考えるからです。さらに、ある程度システムの開発が進んだ後に、「従来のシステムでは

できていたことが新しいシステムではできていない」などといった声が、実際にシステムを使う現場担当者から上がってきて、機能追加を求められることもしばしばあります。このように、システムの成果物は、ユーザとベンダとの間で認識を共有することが難しいため、開発が進んだ後に仕様変更や機能追加を求められ、費用や納期を巡ってトラブルになることが多くあります。

　システムの開発がある程度進んだ後に仕様変更したり機能追加しようとすると、前の工程に戻ってやり直す必要がある場合が多く、ベンダにとって多くの工数が生じることになります。これに対し、例えば画面上にボタンを一つ追加するような仕様変更を例にとると、ユーザからすれば、その出来上がりにほとんど差がないようにみえることから、大した作業ではないと考えて、無償かつ短い納期で実行して欲しいと考えがちである（ただし実際はその裏にある機能を追加するため、設計からやり直す必要がある）、というように、仕様変更におけるトラブルの背景には、このような認識の違いがあります。

　ユーザの仕様変更（機能追加）の要求に対してベンダが対応する義務を負うか否かは、ユーザの要求が当初合意した仕様の範囲内か否かによって決まるため、当初の仕様の範囲が不明確だとトラブルになる可能性が高まります。よって、紛争回避のためには、契約においてできる限り「確定した仕様」を明示的に記載しておくことが望ましいです。もっとも、工程の進行に伴って徐々に確定していくというシステム開発の特殊性からして、あらゆる仕様を契約時点で確定することは不可能であり、工程途上で仕様変更や機能追加が発生することを完全には避けられません。そこで、実務的な対応としては、仕様変更や追加機能が必要となった場合の対応方法を契約で定めておくのが望ましいといえます。

2　仕様変更か当初の仕様の範囲内か

　仕様変更か否かが問題となる前提として、仕様が確定している必要があります。「仕様」は、システム開発紛争の色々な場面で基準として出てくる重要な概念ではあるものの、法律用語ではなく、また絶対的な仕様確定の方法が定まっているものでもありません。そこで、「確定した仕様」を契約上ど

のように定めておくかが重要となります。

　この点、第2編第3章「契約不適合」で解説したとおり、実務上一般的には、まず要件定義書や設計書（これらは「仕様書」と呼ばれる場合もあります。）の内容が「確定した仕様」の根拠資料になります。要件定義書及びこれに基づいて作成される設計書は、開発するシステムの具体的内容に関する合意のすべてが反映されることを目指して作成されるため、基本的には、仕様書に盛り込まれているものが「確定した仕様」であって、原則として仕様書に記載されていないものは仕様を構成しない（合意されていない）と解すべきです。

　仕様書によっても「確定した仕様」が不明確である場合には、開発過程におけるベンダとユーザ間の協議の内容から、その意味内容を補完することができる場合があります。すなわち、一般的なシステム開発では、要件定義書や基本設計書を作成するに当たり、ベンダとユーザの間で検討会議等の協議の場が、定期的にあるいは必要に応じて開かれ、そういった協議の内容は議事録の形で記録化されているのが一般的です。そういった議事録中の、ある機能の内容や実装の要否についての記載により、要件定義書や設計書の意味内容を補完できることがあるのです。

　開発過程において、ユーザから機能に関する要望があった場合、ベンダは、それが当初の仕様の範囲内なのか、それとも仕様変更や機能追加なのかを判断するため、契約によって確定した仕様が何かを仕様書などから確認します。そして、確定した仕様の範囲内であれば、ベンダは契約の義務の履行として、ユーザの要求に応じる必要があります。他方、確定した仕様の範囲外である場合には、ユーザの当該要求は、仕様変更や機能追加の要望ということになりますので、契約上、ベンダは対応義務を負いません。もっとも、顧客であるユーザからの要望ですので、契約上義務を負っていないからといって、対応することを全く検討すらしないということは現実的ではありません。そこで、このような場合、実務上は、ユーザの要望を整理した上で、その要望に応じた場合に、納期変更や追加報酬が発生することや、システムの品質に影響が生じる可能性等を説明し、ユーザにて仕様変更をするのかを決定してもらうことになります（ただし、そういった模範的な対応が現実的には難

しいことは、後述 6 のとおりです。）。

3　仕様変更（機能追加）の管理と望ましいプロセス

　システム開発は、抽象的なイメージから具体的なソフトウェアを作成する作業ですので、具体化していく過程においてどうしても仕様変更が必要となる場面が出てきます。そのような場合、ユーザからの変更要求に対して、ベンダの担当者レベルで口約束で応じてしまい、さらにそのような変更が積み重なることによって、何が変更後の確定した仕様といえるのか不明確になってしまうという事例が、実務上しばしば見られます。また、仕様変更をすると、作業工数の増加に伴って、当初の納期に間に合わなくなるため納期の変更を余儀なくされたり、報酬額を増額しなければならなくなる場合もあります。さらに、設計段階では想定しなかったことについて継ぎ接ぎ的に変更することになるため、品質が低下してしまうこともあります。このように、安易な仕様変更は、各種トラブルの原因になり得るため、そのリスクや責任の所在を明確にすべく、契約書において仕様変更の手続を明確化し、その手順に沿ったものに限り仕様変更に応じるとすることが望ましいといえます。

　以下では、仕様変更について契約上定めておくことが望ましい内容について解説します。なお、理論上は、ユーザとベンダのいずれからも仕様変更の要求をするという場面が想定されますが、ベンダから仕様変更を要求するケースは実際上はあまり想定されないため（確定した仕様が変更を要するものであった場合、ベンダは、仕様変更の要求ではなく、本来の債務の履行の一環としてそれを修補する義務を負っていると考えられます。）、本項では、ユーザからの仕様変更要求を前提として解説します。

(1)　仕様変更の手続を限定し、それ以外での変更を認めない

　まず、仕様は厳密に書面によって定義すべきですので、ユーザからの仕様変更の提案も、変更提案書という「書面」でなされるのが望ましいといえます。そのような書面による提案を受けて、ベンダはユーザと仕様変更について協議することになりますが、協議に当たっては、ベンダが、その提案の実

現可能性、変更のために要する費用、変更作業に要するスケジュール、といった作業に関する具体的な事項を提案するのが望ましいと考えられます。ユーザは、その仕様変更により、そもそも費用が余分に生じるのか、納期を遅らせる必要があるのかすら判断できない場合が多いため、後のトラブルを防止するためにも、ベンダからそれらを明らかにする必要があります。これは後述5で解説するベンダのプロジェクトマネジメント義務の履行という側面もあります。

　ベンダとユーザとの協議に基づき、仕様変更を実施することが合意された場合には、その旨をきちんと書面で残しておくべきです。また、その仕様変更により費用が増額したり、納期が変更するなど、契約の内容に変更が生じる場合には、契約内容の変更についても、書面化する、すなわち変更契約書を作成するのが望ましいです。

　このような手続は、ユーザにとっては、不都合があるから仕様変更を伝えるのに、契約書に定められた厳格な手続をとらなければならないのは面倒であるから、このような定めをすること自体を望まない可能性があります。しかしながら、ソフトウェア開発においては、一旦確定した仕様を変更しようとする場合、納期、コスト、システムの性能・品質等に影響が及ぶ可能性があり、きちんと検証した上で変更されなければ、後々トラブルとなる可能性が高くなります。この点、ベンダから増加費用や変更スケジュールについてきちんと提案を受けた上でないと、仕様変更という重要な決定がなされないようにしておくことは、逆に言えば、既定の手続によって仕様変更された場合には、ベンダの契約上の責任が明確になるということですので、仕様変更の手続を限定して明記しておくことは、ユーザにもメリットがあるといえます。

(2)　変更協議がまとまらなかった場合の定めを設ける

　ユーザが仕様変更を希望したとしても、ベンダが提示してきたコストや納期の変更に応じることができない場合は、当事者の利害関係が先鋭化し紛争化しやすい局面であって、友好的な関係で今後の進め方を協議できるような

状況ではありません。したがって、変更協議がまとまらなかった場合についても、契約書で対応を定めておく必要があります。

　請負契約の場合は、注文者であるユーザは、請負人であるベンダが仕事を完成させる前であればいつでも、損害を賠償して契約を解除することができます（民法641条）。また、準委任契約の場合も、委託者であるユーザは、いつでも、受託者であるベンダに損害を賠償して解除することができます（同法651条）。そこで、このような民法の規律に沿った形で、仕様変更について協議がまとまらない場合には、ベンダが既に遂行した個別業務についての委託料を支払った上で、ユーザは契約を解除することができる、という規定を契約上定めておくことが考えられます。

　この点、ユーザが既に多額の費用をかけてしまっているため迅速に解約するという判断をしない場合を想定して、ベンダにも協議不調の場合に解約権を与えることも考えられます。もっとも、ベンダとしては、仕様変更の合意が成立しなければ従前の条件で業務を遂行すれば義務は果たしていることになるため、解約権を認める必要性はそこまで高くはないと思われます。そこで、ベンダには、仕様変更の協議がまとまらない間は業務を中断することができる、という規定を定めておくという方法も考えられます。

4　契約書の定めに反して仕様変更作業が進んだ場合

　前記3(1)のとおり、仕様変更の手続を契約書で限定したとき、その手続に従っていない限り、ベンダは仕様変更に応じる義務はありません。もっとも、そのような規定があっても、開発の現場では、ユーザとベンダが仕様変更に口頭で合意し、変更後の仕様でベンダが開発作業を進める場合も多く見受けられるのが実情です。そのような場合において、後日紛争になったときには、契約書の定めにもかかわらず、仕様変更は有効であると裁判所が判断する可能性は高いと思われます。すなわち、裁判においては、一次的には契約書の文言が判断の基礎となるものの、当事者双方が契約書の定めとは違った方法で合意して作業したという実態が存在した場合には、そのような当事者間の合意が契約書の規定を上書きするものとして認定される可能性が相当

程度あるのです。例えば、仕様変更の場面ではなく契約成立の段階についての事例ですが、基本契約書には開発の個別契約は書面交付により成立するとされていたため、書面が作成されていなかったことから請負契約は成立していないが、交渉経緯などからすると書面作成が必要であるのは請負契約の場合であると認定して、要件定義等を内容とする準委任契約は口頭により成立していたとして、結果的にはベンダからの報酬請求を認めた裁判例もあります[18]。

　以上のとおり、仕様変更のための手続を契約上定めたとしても、実際にその定めに従っていなければ、契約書とは異なる認定がされることがあり得ます。よって、事後的に裁判所から予期せぬ合意が成立したと認定されないためにも、現場担当者を含め、契約書の定めに従った運用を徹底させる必要があります。

5　仕様変更への対応とプロジェクトマネジメント義務

　仕様を変更したり追加すると、それが原因で不具合が生じたり、大きな手戻りが発生して納期が大幅に遅れたりすることがありますし、工数によっては費用が大幅に増額になる場合がありますが、専門家ではないユーザにとってこれらを予測することは困難である場合がほとんどです。よって、ベンダはユーザに対して、仕様変更によって生じるこういった不都合を、事前にきちんと説明する必要があります。この点、ベンダがシステム開発等の専門的知見や経験を備えた専門業者であって、ユーザからの変更の申入れに応じることが、開発対象のシステムにおける不具合・障害の発生の可能性を増加させ、そのために検収終了時期を大幅に遅延させ、開発契約の目的を達成できなくなる場合においては、ベンダがその専門的知見、経験に照らして、これを予見し、ユーザに対しこれを告知して説明すべき義務を負う、と判断した裁判例があります[19]。これは第1編第1章で説明した、ベンダが負うべきプロジェクトマネジメント義務の一つです。

[18] 東京地判平成19年1月31日
[19] 東京高判平成26年1月15日

　また、ベンダは、費用や納期の変更、不具合が生じる可能性などについて事前に説明したことを記録化することも重要です。ベンダは、懸念事項などをまとめた課題管理表などの資料を作成した上で、ユーザに説明し、その説明を実施したことを議事録等に残しておくなどして、プロジェクトマネジメント義務を果たしていることの証拠を残しておくことが望ましいといえます。

6　追加報酬について

　契約書の定める手続に従って仕様変更が合意された場合には、追加報酬の有無及び金額についても合意されているはずですので、追加報酬の有無やその金額が問題となることはないといえます。また、契約書に仕様変更の手続が定められていなかったとしても、他の客観的な資料によりベンダとユーザとの間に、仕様変更及びそれに関する明示的な報酬合意が認められるのであれば、問題となるおそれは高くありません。

　しかしながら、例えば仕様変更の要求がなされたのが、納期が迫っている時期であるため、余裕がなく報酬合意まで手が回らずに仕様変更作業を進めてしまう、といった事案も、実務上は多く見られます。そのような場合に、ベンダがそもそも報酬を請求できるのか、請求できるとして金額はどのように定まるのか、といった点が問題となります。以下、ベンダが報酬請求するための理論構成及びその金額の算定方法について解説します。

(1)　報酬請求するための理論構成
ア　黙示の合意

　明示的な追加報酬の支払合意がなかったとしても、受注者であるベンダが営利企業である場合には、有償で作業するのが当然であるともいえます。よって、追加報酬の支払いが黙示的に合意されていることを理由に、追加報酬を請求するという理論構成が考えられます。このような考え方の中には、もう一歩進んで、原則として有償の合意（相当対価を支払う旨の合意）が事実上推定され、ユーザが無償であると主張する場合には、積極的に無償の合意があったことを立証する必要があるとする考え方もあります[20]。この考え方に

よれば、ユーザが無償の合意を立証できない限り、ベンダはユーザに対して追加報酬を請求することができることになります。

もっとも、個別契約の範囲外の追加作業がなされたことが認められたとしても追加報酬の合意を否定したり[21]、追加要望に基づいてした契約対象外である作業であっても、本来業務を円滑に進めるための作業であるとか、別途契約のための準備行為であると認定して追加報酬の合意を認めないという判断もなされているため[22]、黙示の合意を積極的に認めていくという上記の考え方は、実務的に確立したものとまではいえないと思われますので、注意が必要です。

イ　商法512条に基づく報酬請求権

商法512条は「商人がその営業の範囲内において他人のために行為をしたときは、相当な報酬を請求することができる。」と規定しています。会社等の商人（商法4条1項、会社法5条）は、通常は無償では他人のために営業の範囲内の行為をすることはないだろうという経験則を条文化したものです。前述アで検討した黙示の合意を認めることができず、追加報酬についての合意は成立していないと判断される事案であったとしても、商法512条に基づく報酬請求をすることが可能です。裁判実務上も、後述ウのとおり、この請求が認められたものが複数あります。

ウ　具体的な報酬金額の算出方法

黙示の合意や商法512条によって報酬請求権が認められるとしても、その報酬額について明確な合意が認められない場合には、報酬額をどのように算出するのかが問題となります。計算方法としては、「工数×単価」の計算方法がベンダから主張されることが多く、実際にその追加作業をするために必

---

[20] 前掲「ソフトウェア開発関係訴訟の手引」判タ1349号20頁。もっとも、作業量が軽微なものは顧客との関係を重視して無償で対応することもあるため、この事実上の推定が常に働くとは限らないことに留意が必要とも指摘されています。
[21] 東京地判平成29年3月21日
[22] 東京高判令和2年1月16日

要な工数及び合理的な単価が立証されれば、裁判実務上も、後述のとおりその計算方法で認定されているものが複数あります。

　工数については、ベンダにおいて通常その作業を行う際に必要とされる工数が基準となりますが、そのような標準工数が設定されていない場合には、ベンダが、日報等の資料に基づいて、実際に要した実作業工数を主張立証する、といった方法が考えられます。これに対してユーザは、ベンダの作業効率が悪いため工数が多めにかかっているとか、開発作業に専従でなかった等の反論・反証を行うことが考えられます。

　単価については、契約締結の際に標準単価が示されていればそれにより、標準単価が示されていなければ、当該契約で示された単価に基づいて判断されることになると解されます。なお、システム開発契約においては、開発後の保守を受注することを前提に、ベンダが、標準単価より安い単価で受注していることがあります。このような場合、ベンダは契約単価が標準単価より低額であり、追加作業については、低額とする前提がないので標準単価を用いるべきという考えもありますが、そのような契約書に表れていない事情を立証するのはハードルが高いため、ベンダとしては、何らかの事情により安い単価で受注する場合には、契約書に標準単価も記載しておいた方が望ましいといえるでしょう。

　具体的な報酬「額」についてまで合意が認められなかった場合において、裁判所が報酬を認定した例を、参考までに列挙します。多くの事案では、契約単価を前提に追加費用を算出していることが分かります。

【裁判例で認定された報酬の算出方法】

合意を認定	東京地判平成 28 年 4 月 20 日	基本設計における平均単価を 1 人月約 75 万円と認定し、追加作業が必要となった工数を乗じて算出 総合試験における平均単価を 1 人月 80 万円と認定し、追加作業が必要となった工数を乗じて算出
	東京地判平成 17 年 4 月 22 日	契約金額をプログラム本数で除して 1 本単位の単価を計算し、増加したプログラム数に単価を乗じて算出
商法512条「相当な報酬」を認定	東京地判平成 22 年 12 月 28 日 判タ 1383 号 241 頁	システムエンジニアの平均単価を 1 人月当たり 120 万円と認定し、追加作業が必要となった工数を乗じて算出 出張費用も報酬として認めた
	東京地判平成 25 年 5 月 30 日	保守作業についての「相当な報酬」として、部品費＋交通費＋出張費（日当）1 時間 9800 円×9 時間 25 分として算出
	東京地判平成 22 年 1 月 22 日	当初契約では 3 か月稼働で報酬 6000 万円であり（月額単価 2000 万円）、追加作業により 6 か月余計に要したので報酬を 1 億 2000 万円と算出

7　事例の解説

　本事例は、東京高判令和 2 年 1 月 16 日の事案を参考にしたものです。

　ユーザである X 社では、当初はシステム部門が仕様を決めていましたが、途中から現場部門であるカスタマ部門の声が大きくなり、仕様の見直しを迫られるという、システム開発紛争の典型的な事案といえます。

　実際の事件では、RFP に記載されていた顧客情報の統計作成機能が、基本設計工程の範囲内であるのか争われましたが、要件定義書では敢えてこの機能が記載されていないことやそれに至る経緯について詳細に認定した上

で、基本設計に関する個別契約の対象外と判断されました。これにより、X社は契約対象外の機能の搭載を求めてY社に要望していたという認定となり、Y社の履行遅滞による解除は認められないと判断されました。なお、前の仕様書で記載されていた仕様について後の仕様書で記載されていない場合には、第2編第3章「契約不適合責任」で述べたとおり、後の仕様書の内容で合意したと判断される可能性が高く、この裁判例もそのように判断した一例といえます。

　他方、Y社の請求である基本設計工程で余分に生じた費用（人件費）相当額については、X社の責めに帰すべき事由により損害が生じたとして損害賠償が認められました。もっとも、「新」要件定義書の作成に要した費用、すなわち契約範囲外の費用については、Y社は商法512条に基づく報酬請求をしましたが、裁判例では、たとえX社の要望があったとしても、「新」要件定義書を作成したのは、自己の業務である基本設計工程を円滑に進めるためであることや、Y社自身も「新」要件定義書の作成については追加的な開発費用がかかり、そのためには別途変更契約の締結が必要であると述べていたが、X社がこの契約の締結を拒んだという事情を捉えて、同法512条「他人のために行為をしたとき」には該当しないとして同法512条の報酬請求権の成立を否定しました。またX社が契約の締結を拒んでいたことから黙示の追加契約及び報酬合意の成立も否定したため、契約対象外であったものについては損害賠償請求も否定されました。

 契約書における留意点

　仕様変更・機能追加に関する契約書における留意点をまとめると、以下のとおりです。具体例及び解説は、**条項例**を参照してください。
　①　仕様変更に関する手続を明記する
　　a　仕様変更手続の明確化
　　b　仕様変更の確定方法の明確化
　　c　仕様変更による納期、委託料の追加・変更手続の明確化

② 変更協議がまとまらなかった場合の処理を明記する

 条項例

1 仕様変更の手続を具体的に定めた例

(1) 条項例（甲：ユーザ、乙：ベンダ）

第●条（本契約及び個別契約内容の変更）

本契約及び個別契約の内容の変更は、別途、当事者双方が署名又は記名捺印した書面により変更契約を締結することよってのみこれを行うことができる。

第●条（システム仕様書等の変更）

1. 甲又は乙は、システム仕様書又は検査仕様書（以下総称して「仕様書等」という。）の内容についての変更が必要と認める場合、その変更の内容、理由等を明記した書面（以下「変更提案書」という。）を相手方に交付して、変更の提案を行うことができる。

2. 変更提案書が交付された場合、甲及び乙は、当該変更の可否について、第●条所定の協議をするものとする。

3. 前項の協議の結果、甲及び乙が変更を可とする場合は、下記の内容を含む書面を作成し、甲乙双方にて記名押印する。当該書面への記名押印をもって、変更が確定するものとする。

　① 変更の詳細

　② 変更の理由

　③ 変更作業のスケジュール

　④ 変更のために費用を要する場合はその額

4. 前項の変更が、本契約及び個別契約の条件に影響を及ぼす場合は、甲及び乙は速やかに第●条（本契約及び個別契約内容の変更）に基づき変更契約を締結するものとし、この場合、変更契約の締結をもって

　　変更が確定するものとする。

　5．乙は、甲から中断要請がある場合、その他本件業務を遂行できない
　　　特段の事情がある場合は、第 2 項の協議が調わない間、本件業務を中
　　　断することができる。

(2)　解説

　この条項（システム仕様書等の変更）では、仕様変更手続を明確化し、開発
現場における口頭での変更合意等の安易な仕様変更が発生しないよう、以下
のア～ウの内容を定めています。

ア　仕様変更手続の明確化（1 項～4 項）

　ユーザが仕様変更を求める場合、変更提案書という書面で提案するよう提
案方法を限定することにより、仕様変更の要求がなされたことが客観的に明
らかになります。変更提案書の提出をきっかけとして、ベンダとユーザとで
協議を開始し、変更を可とする場合は、仕様変更に関する事項を特定し、書
面を作成し、両当事者記名押印することで変更内容を確定します。

　契約条件に影響を及ぼす変更の場合は、契約変更の規程に従って、変更契
約の締結をもって変更が確定することとしています。

イ　仕様変更の確定方法の明確化（3 項）

　協議を行ったとしても、最終的にどのような仕様変更が合意されたのかが
不明確では意味がありませんので、どのような方法で仕様変更の内容を確定
するかを明記します。具体的には、仕様変更に合意する場合に作成するド
キュメントの記載事項を特定し、かつ、ドキュメントへの当事者双方の記名
押印を要求しています。

ウ　仕様変更による納期、委託料の追加・変更手続の明確化（4 項）

　仕様変更により納期や委託料などの報酬を変更する必要が生じた場合に
は、別途契約変更の手続をする必要がある旨を明記しています。契約変更が

必要な場合には、契約変更の手続もなされなければ、仕様変更についても合意されていないということを明確にし、必要となる契約変更の手続も明確に定めます。

2　変更協議がまとまらなかった場合の定めの例

(1)　条項例（甲：ユーザ、乙：ベンダ）

第●条（変更の協議不調に伴う契約終了）

1．前条の協議の結果、変更の内容が作業期間、納期、委託料又はその他の契約条件に影響を及ぼす等の理由により、甲が個別契約の続行を中止しようとするときは、甲は個別業務の未了部分について個別契約を解約することができる。

2．甲は、前項により個別業務の未了部分について解約しようとする場合、中止時点まで乙が遂行した個別業務についての委託料を支払うとともに、解約により乙が出捐すべきこととなる費用その他乙に生じた損害を賠償しなければならない。

3．本条の規定は、乙の債務不履行に起因する甲による解除及び損害賠償請求を妨げない。

---

(2)　解説

　ユーザが仕様変更を求めているのに、予算や納期で合意することが難しい場合、ベンダとしてはデッドロック状況になってしまうため、そのような場合に備えて、変更協議がまとまらなかった場合の手続を定めたのが本条です。

　本条では、民法の規定（請負における注文者解除及び委任における委託者からの解除）に準じて、ユーザに解約権を認めつつベンダが遂行した分の委託料の支払いを規定しています。

第7章　契約解除

Q 事例

　システム開発の専門会社であるY社（ベンダ）は、食品メーカーであるX社（ユーザ）から、Xグループ全体の主要業務を一元管理する新システム（以下、「本件システム」）の開発を受託した。XとYは、基本契約を締結した上で、開発段階ごとに複数の契約を締結していくいわゆる多段階契約の方法を採用することにした。

　開発作業は、①要件定義工程に係る個別契約の締結及び履行、②外部設計工程に係る個別契約の締結及び履行までは特に遅延もなく順調に進められ、各個別契約に定められていた対価も全額支払われていた。しかしその後、③内部設計工程〜プログラミング工程に係る個別契約を締結して以降は、開発作業の進捗が芳しくなく、ソースプログラムの納入について大幅な納期遅延が発生した。結局、本件システムの開発を開始して約2年が経過したタイミングで、当初の目標時期における稼働開始には到底間に合わないと判断したXは、本件システムの開発を断念することを決め、Yに対し、Yの履行遅滞を理由として、締結済みの全個別契約を解除する旨を通知し、それまで各個別契約に基づいてYに支払っていた対価の返還を請求した。

　Yは、Xによる契約解除は認められないと主張しており、本件システムの開発作業の継続を望んでいる。

　なお、納期遅延が発生したのは、Yの作業がやや遅れていた部分もあるが、③の個別契約締結後にXから細かな仕様変更の要求が繰り返されていたことにより、工数の増大と作業の手戻りと遅れが頻発していたことも原因の一つであった。

争点解説

1　システム開発委託契約の解除

　契約の解除とは、有効に成立した契約の効力を白紙に戻し、その契約が始めから存在していなかったのと同様の状況にする法律効果を生じさせることで、契約関係から両当事者を離脱させ、解放するための手段です。

　システム開発委託契約においても、様々な理由により、契約途中で契約を解除するという場面が想定されます。システム開発委託契約が解除されれば、ベンダにとっては、それ以上開発作業を行う必要がなくなり、ユーザにとっては、既に実施されている開発作業分についての対価の支払いの要否は別途問題になるものの、少なくとも、将来分の作業に係る対価を支払う必要は生じないことになります。

　なお、契約当事者間においてそれまでに行われた給付・反対給付の原状回復はせず、単に将来に向かって契約の効力を消滅させる効果を生じさせるものを、解除と区別して「解約告知」という場合もありますが、契約実務上は、両者は明確に区別して使用されていないことが多いため、契約が始めから存在していなかったとするか（解除）、単に将来に向かって契約の効力を消滅させるか（解約告知）は、具体的な取引の内容により解釈されます。

　本項では、システム開発委託契約において、いかなる場合に、どのような手続によって契約の解除ができるのか、及びそれを踏まえて解除についてどのような条項を設けておくべきかについて説明します。なお、契約の解除には、契約当事者双方の合意によって終了させる合意解除の場合もありますが、以下では、当事者の一方が、契約条項又は民法の規定に基づき、他方当事者に対する契約を解消させる旨の一方的な意思表示によって契約を終了させる場合を前提に説明します。

2　民法上の解除の規定

　契約において何ら定めがない場合は、民法における解除の規定が適用されます。そして、システム開発委託契約においては、個別の取引の内容に照ら

し、民法上の解除のルールを修正したり、民法に規定のない解除事由を定めておくべきかどうかを判断します。そこで、まずは民法上の解除の規定について説明します。

(1)　債務不履行解除

ア　解除の一般論

　民法は、541 条において、債務不履行一般の場合における催告による解除の要件を定め、542 条において、一定の場合には催告を要することなく解除できる無催告解除の要件を、それぞれ定めています。

　債務不履行による解除は、債務不履行に基づく損害賠償のように債務者に対して債務不履行の責任を追及するための制度ではなく、あくまで債権者を契約の拘束力から解放するための制度である、という制度趣旨から、解除に当たっては債務者の帰責事由は不要とされています[23]。

　なお、解除に当たり債務者の帰責事由の有無は問われませんが、債務不履行が債権者の責めに帰すべき事由によるものであるときは、債権者による解除は認められません（民法 543 条）。この規定は、システム開発委託契約を例にとると、納期遅延があったような場合において、ユーザがベンダに対し納期遅延を理由に契約を解除しようとしたことに対し、ベンダが、納期遅延の原因はユーザの協力義務違反であって納期遅延についてユーザに帰責性がある、として解除は認められないと反論するような場合に適用されます。

　また、契約不適合を理由とした解除についても、債務不履行解除の一類型として、本項の説明がそのまま当てはまります[24]（第 2 編第 3 章「契約不適合」参照）。

---

[23] 旧法においては債務者の帰責事由が債務不履行解除の要件と考えられていました（旧法 543 条但書参照）。

[24] 旧法においては瑕疵担保責任に基づく解除が独立して規定されていましたが、改正民法において、契約不適合責任（瑕疵担保責任）に基づく解除も債務不履行の一環と整理されました。

イ　催告解除（民法541条）

　民法541条は、「当事者の一方がその債務を履行しない場合において、相手方が相当の期間を定めてその履行の催告をし、その期間内に履行がないときは、相手方は、契約の解除をすることができる。ただし、その期間を経過した時における債務の不履行がその契約及び取引上の社会通念に照らして軽微であるときは、この限りでない。」と規定しており、①債務不履行（「軽微」であるときを除く）＋②履行の催告＋③相当期間の経過、を催告解除の要件としています。

　履行の催告については、条文上、「相当の期間を定めて」することが求められていますが、この要件は緩やかに解されており、例えば、特に期間を定めずに催告をした場合でも、催告から客観的に見て相当な期間が経過すれば契約を解除できると解されています（最判昭和2年2月2日民集6巻133頁）。また、催告において指定された期間があるべき相当期間より短かった場合も、同様に、客観的に見て相当な期間が経過した段階で解除することができると解されています（最判昭和44年4月15日判時560号49頁）。

　ここでいう「相当の期間」とは、既に履行の準備が完了していることを前提として、履行を準備して給付を完了するまでに必要な期間で足りると解されていますが、システム開発委託契約において具体的にどの程度の期間と考えるべきかについて、客観的な指標は特にありません。前述のとおり、この要件が緩やかに解されていることもあって、相当の期間がどの程度なのかが問題になることは実務上あまりありませんが、例えばユーザが解除する場合においては、前述の一般的基準に当てはまると、「完成した成果物を納品するまでに要する期間」が相当の期間であるというのも一つの考え方です。成果物が完成していれば、一般的には1～2週間もあれば十分に納品可能でしょうから、そうすると、システム開発委託契約をユーザから解除する場合における「相当の期間」とは、一般的には1～2週間と考えることになります。

　民法541条ただし書は、債務不履行が「その契約及び取引上の社会通念に照らして軽微であるとき」は、解除は認められないと規定しています。債務不履行が軽微であるか否かは、違反された義務の軽微性（中心的な債務か付随的な義務か）や債務不履行の態様の軽微性（履行の遅れの程度等）を踏まえ、解

除の対象とされる契約及び取引上の社会通念によって判断されます。また、この軽微性の判断においては、契約目的を達成できるかは重要な考慮要素となると考えられていますが、契約目的がなお達成可能である場合であっても、債務不履行が軽微ではないときには解除が認められる点には注意が必要です。

ウ　無催告解除（民法 542 条）

　民法 542 条 1 項は、債務不履行によって既に契約目的の達成が不可能になっている場合には、契約解除に当たり履行の催告を経る必要はないことから、以下の場合において、無催告解除ができると規定しています。①〜④はいずれも、債務不履行によって契約目的が達成不能になったと評価できる場合であり、⑤が、契約目的が達成不能となる場合を包括的に定めたいわゆるバスケット条項になっています。

①　債務の全部の履行が不能であるとき（1 号）
②　債務者がその債務の全部の履行を拒絶する意思を明確に表示したとき（2 号）
③　債務の一部の履行が不能である場合又は債務者がその債務の一部の履行を拒絶する意思を明確に表示した場合において、残存する部分のみでは契約をした目的を達することができないとき（3 号）
④　契約の性質又は当事者の意思表示により、特定の日時又は一定の期間内に履行をしなければ契約をした目的を達することができない場合において、債務者が履行をしないでその時期を経過したとき（4 号）
⑤　前各号に掲げる場合のほか、債務者がその債務の履行をせず、債権者が前条の催告をしても契約をした目的を達するのに足りる履行がされる見込みがないことが明らかであるとき（5 号）

　上記①は、いわゆる履行不能の場合に無催告解除を認めた規定です。ただ、一方当事者による債務不履行が発生した場合に、それが履行不能と評価

でき、無催告解除が可能かどうかについては、実務上しばしば争いになります。

　一般に、履行不能には、物理的な債務不履行のみならず、社会通念上の履行不能も含まれると解されていますが、その認定は比較的厳格になされています。例えば、東京地判平成 22 年 5 月 21 日は、基幹システムの設計及び開発業務を請け負ったベンダには、基幹システムの開発経験がなく、開発作業が遅れていたため納期を延期しても未だ完成には至っていなかったという事案においても、ベンダが完成度が約 56％となるところまでは開発を進められていたこと等を理由に、およそ完成があり得なかったとはいえないとして、ベンダの開発能力不足等を理由とする履行不能の主張を認めませんでした。

　以上を踏まえると、システム開発委託契約における履行不能解除については、以下の点に留意が必要です（なお、履行不能の性質上、ユーザからの解除を前提とします。）。まず、納期を徒過している場合には、履行不能に基づく無催告解除よりも、履行遅滞に基づく催告解除の方が確実といえます。これに対して、納期前に解除するのであれば、基本的には履行遅滞を理由にできないため、履行不能を理由とせざるを得ませんが、前述のとおり履行不能と認められない可能性もあります。この場合、ユーザからの解除が、履行不能に基づく債務不履行解除ではなく、後述の注文者解除であると解釈されてしまうと、ユーザはベンダに生じる損害を賠償しなければなりません。また、ユーザが履行不能解除を主張することが、ユーザの協力義務違反に該当する可能性もあります。このように考えると、ユーザとしては、もし納期前に履行不能解除するのであれば、解除の意思表示に当たり解除の趣旨が注文者解除ではなく履行不能解除であることを明示しておくことが最低限必要であるといえます。ただ、そもそもの前提として、納期前に履行不能解除しなければならないのかどうかを、前述のリスクを踏まえて慎重に検討すべきといえるでしょう。

(2) 注文者解除、任意解除

　システム開発委託契約は、請負契約又は準委任契約として締結されることが一般的ですが、民法 641 条は請負契約における注文者解除権を定めてお

り、同法 651 条は（準）委任契約における当事者双方の任意解除権を定めています。

　請負契約の場合は、注文者であるユーザは、請負人であるベンダがシステムを完成させる前であればいつでも解除できますが、ベンダが被る損害を賠償する必要があります（民法 641 条）。

　準委任契約の場合は、ベンダ又はユーザはいずれも、いつでも解除することができますが、①相手方の不利な時期に解除した場合、又は②委任者が受任者の利益をも目的とする委任を解除した場合には、やむを得ない事由がない限り、相手方に生じた損害を賠償する必要があります（民法 651 条 2 項）。なお、②においては、報酬を得るという利益のみの場合は「受任者の利益」には該当しません（同項 2 号括弧書き）。

　なお、これらの解除の場合、ベンダは、損害賠償請求の他に、請負契約であれば民法 634 条 2 号、成果完成型の準委任契約であれば同法 648 条の 2 が準用する同法 634 条 2 号、履行割合型の準委任契約であれば同法 648 条 3 項に基づき、既履行部分の割合に応じて報酬の部分的請求ができます。これら報酬の部分的請求と、注文者解除及び任意解除に伴う損害賠償請求とは、法的性質は異なるものの、実際には重複する可能性があり（請負契約の注文者解除に伴う損害賠償は履行利益の賠償を含むと解されており、委任契約の任意解除に伴う損害賠償が報酬相当額の賠償を含むか否かについては議論が分かれています。）、先に部分的報酬を受領した場合には、同報酬相当額を重複して損害賠償請求することは認められないと解されます。

3　複数の契約が締結される場合における各契約の解除の効力

　システム開発案件においては、システム開発委託契約が締結された後に、追加機能の開発のために追加で契約がなされる場合や、開発対象のシステムを作動させるためのソフトウェア・ハードウェアについて売買契約が締結される場合等、一つの案件において、並行的に履行される複数の契約が締結されることがあります。

　また、システム開発委託契約の契約の方法としては、多段階契約と一括契

約がありますが（多段階契約と一括契約の意義については、第1編第2章2参照）、多段階契約の場合には、各作業工程（要件定義、外部設計、内部設計、プログラミング、テスト）について複数の個別契約が締結されることになります。

　上記のように、一つのシステム開発案件において複数の契約が存在する場合には、ある契約において債務不履行が発生した際に、当該契約とは別の契約についても併せて解除できるのかが問題となります。この問題は、システム開発委託契約においては、主としてユーザがベンダの債務不履行を理由として解除し、ベンダに対して支払済みの報酬の返還を請求できるのか、という点で顕在化します。

　システム開発において複数の契約が締結されるケースとしては、①並行的な履行によって契約目的が達成されることを予定して複数の契約が締結されるケースと、②多段階契約における前工程の契約と後工程の契約のように、前後関係にある複数の契約が締結されるケースに大別できますので、以下、順に検討していきます。

(1)　並行的な関係にある複数の契約間の関係

　同時期に複数の契約を締結し、それらを並行的に履行していくことで特定の契約目的を達成することが予定されていたケースでは、一定の場合に、一つの契約の債務不履行を理由にして別の契約を合わせて解除することができるとされています。

　すなわち、最判平成8年11月12日民集50巻10号2673頁は、「同一当事者間の債権債務関係がその形式はその甲契約又は乙契約といった二個以上の契約から成る場合であっても、それらの目的とするところが相互に密接に関連付けられていて、社会通念上、甲契約又は乙契約のいずれかが履行されるだけでは契約を締結した目的が全体としては達成されないと認められる場合には、甲契約上の債務の不履行を理由に、その債権者が法定解除権の行使として甲契約と併せて乙契約をも解除することができるものと解するのが相当である」と判示しています。この判例はシステム開発委託に関するものではありませんが、システム開発委託契約において並行的な関係の複数の契約が

締結される事案においても、この最判の規範を用いて解除の可否が判断されることが一般的といえます。

　例えば、東京地判平成 25 年 5 月 28 日判タ 1416 号 234 頁は、一旦ソフトウェア開発委託契約が締結された後になされた、追加機能を設けるための追加費用の負担に関する合意について、当該追加費用は、ソフトウェア開発委託契約の対象である新基幹システムに新たな機能を追加するために要した費用であることから、その費用の負担に関する合意は、ソフトウェア開発委託契約に密接に関連付けられていて、それと相まって本件新基幹システムを完成させるための請負契約であり、社会通念上、その合意のみが履行されたとしても合意をした目的は達成することができないとして、元々のソフトウェア開発委託契約について瑕疵担保責任に基づく解除が認められる以上、追加費用に関する合意も解除されたと認めるほかない、と判示しています。

　また、東京地判平成 28 年 11 月 30 日は、システム開発等に係る請負契約と、当該システムを作動させるためのソフトウェア及びハードウェアの売買契約が締結された事案において、当該請負契約が履行遅滞により解除される場合には、同契約と密接に関連し、社会通念上、いずれかの契約が履行されるだけでは当該システムの稼働という目的が全体として達成されない関係にある売買契約も、併せて解除できる旨を判示しました。

(2)　前後関係にある複数の契約間の関係

　東京地判平成 31 年 3 月 20 日は、多段階契約において締結される複数の契約と、前述最判との関係について、以下のように述べて、多段階契約は前述最判の事案とは異なる旨を判示し、後工程の個別契約における履行不能を理由に、前工程の個別契約を解除することを認めませんでした。

「しかし、上記最高裁判決（注：前述最判）は、同一当事者間で締結された 2 個以上の契約のうち 1 の契約の債務不履行を理由に他の契約を解除し得る場合について判断したものであって、1 の契約の債務不履行を理由に他の契約が債務不履行を来すことを判断したものとは解されない。

　また、上記最高裁判決の下で、いずれかの債務不履行を理由としてその余

の契約を解除し得るのは、社会通念上、いずれかが履行されるだけでは契約を締結した目的が全体として達成されないと認められる場合であると解される。これを本件個別契約5～17について検討すると、これらの各契約の共通の契約目的は、各契約の締結と履行の終了の積み重ねを通じて、順次段階的に達成されていくことが予定されたものであって、上記最高裁判決の事案のように、数個の契約の同時並行的な履行によって達成されることが予定されたものではない。しかも、上記最高裁判決の事案では、共通の契約目的を達成する上で必要な契約があらかじめ全て締結され、数個の契約上の債務の履行により契約目的が達成されることが法的に保障されていたのに対し、本件開発業務については、本件個別契約5～17を包含し、本件システムの完成やSTARと連携した稼働開始を直接の法的義務として約するような包括的契約もなく、中止に備えたコンティンジェンシープランも想定されるなど、契約ごとの段階的な契約目的を超えて、最終的な共通の契約目的が達成されることが法的に保障されていたものでもない。

　以上によれば、上記最高裁判決は、本件とは事案を異にするというべきであるから、本件に引用するのは相当でない。」

　この裁判例でも指摘されているように、多段階契約では、ユーザ及びベンダが個別契約ごとの成果を検収等によって確認し、その履行を終了したことを確認した上で、後工程についての個別契約を締結することを順次積み重ねて開発を進めていくものであるため、後工程において債務不履行が生じたからといって、それを根拠として既に履行が終了しその目的を終えた前工程の契約を解除することは、当事者の認識とも一致しないものと考えられます。

　もっとも、前工程に係る契約自体において債務不履行等があると認められる場合には、当該債務不履行を根拠にして、前工程に係る当該契約の解除が認められることは当然です。したがって、後工程で債務不履行が顕在化した場合であっても、その原因となる事象が前工程に起因するものといえないか検討し、それが前工程の契約における債務不履行に該当するものであれば、それを根拠に前工程の契約の解除を主張することが考えられます。

　この点、東京地判平成28年4月28日判時2313号29頁も、多段階契約に

おける各個別契約については、「それぞれが上記の各フェーズにおける独自の意義を持つ独立した1個の契約として独自の給付目的を有しているため、その解除原因としての債務不履行事由もそれぞれ別個に観念することができる。したがって、そのような各契約に係る個別の債務不履行事由をなおざりにした上で、単純にそれら契約がその組成要素として位置付けられる本件プロジェクトが頓挫したという一事のみで、これら各契約全体を解除しそれら契約の拘束力から一切解放されるという解除を認めることはできないというべきである。かような観点からすれば、本件プロジェクトを組成する各個別契約についての解除の可否については、契約ごとに、それぞれの給付目的を中心とする具体的債務内容についての不履行があるか否か、それによって契約の目的を達成することができないなど契約の拘束力を維持するのが相当であるか否か等の諸要素を検討した上で判断するのが相当である」と判示し、個別契約ごとに、それぞれ解除事由の有無を検討すべきであるとしています。

4 事例の解説

X社(ユーザ)は、Y社(ベンダ)に対し、プログラミング工程におけるY社の履行遅滞を理由として、Y社との間で締結済みの全ての個別契約の解除を主張しています。以下、X社の上記解除の主張の当否を検討するに当たっては、特に言及のない限り、X社とY社との間の基本契約及び各個別契約のいずれにおいても、解除に関して民法上のルールと異なる規定は存在せず、これに関する当事者間の黙示の合意等も認定できないことを前提とします。

⑴ 内部設計工程～プログラミング工程に係る個別契約の解除の可否

まず、納期遅延が発生したプログラミング工程を対象とする個別契約(内部設計工程～プログラミング工程に係る個別契約)の解除の可否について、Y社はソースプログラムの納期遅延により履行遅滞に陥っていることから、X社が履行の催告をした上で相当期間が経過すれば、催告解除(民法541条)の要件は満たすことになると考えられます。Y社としては、当該履行遅滞が軽微である旨を反論することも考えられますが(同条ただし書)、ソースプログラム

の納入という契約の中心的債務について大幅な納期遅延が生じている以上、これが軽微であると認めることは難しいでしょう。

納期遅延は、X社から仕様変更の要求が繰り返されていたことも原因の一つであり、必ずしもY社の帰責事由によるものとは評価できませんが、債務者（Y社）の帰責事由は債務不履行解除の要件ではないため、X社による解除の主張を妨げるものにはなりません。しかし、債務不履行が債権者（X社）の責めに帰すべき事由によるものであるときは、債権者による解除は認められませんので（民法543条）、Y社としては、ソースプログラム納入の履行遅滞がX社の帰責事由により生じたものであることを主張し、X社による解除は認められないと反論していくことになると考えられます。

(2)　要件定義工程、基本設計工程に係る各個別契約の解除の可否

Y社は、要件定義工程及び基本設計工程においては、特に遅延もなく順調に作業を履行しており、上記工程に係る各個別契約においては、Y社に債務不履行はありません。

そこで、X社としては、同じく本件システムの開発を目的として締結された内部設計工程～プログラミング工程に係る個別契約が債務不履行解除されることを理由にして、その前工程である要件定義工程、基本設計工程に係る各個別契約も解除されると主張することが考えられます。

しかし、前記3(2)で述べたとおり、多段階契約における後工程の個別契約での履行不能を理由にして前工程の個別契約を解除することは通常は認められません。よって、X社の上記解除主張は認められないと考えられます。

 契約書における留意点

1　解除事由を契約上明記することの意義

民法の解除に関する規定は任意規定であるため、契約書において別途異なる内容を定めることも可能です。また、仮に民法の規定と異なる内容を定めるわけではない事項であっても、より事案に即した具体的な内容を契約上明

確にしておくことは、後の紛争リスクを軽減するという観点からも有益です。

解除事由についての規定は、基本契約において規定することが一般的であり、無催告解除を認める事由と、催告の上での解除を認める事由とに分けて規定することが多いといえます。具体的な定め方については、後記3の条項例を参照してください。

2　民法所定の解除事由以外の事由に基づく解除

民法に規定されている債務不履行等の解除事由の他にも、一方当事者について業務遂行能力ないし経済力の信用状態が悪化した場合等には、他方当事者に解除権の行使を認めて自らの契約上の債務から免れることを可能にしておくことが望ましいため、民法所定の解除事由以外にも、解除事由や解除の手続を規定しておくことが一般的です。

3　催告解除における履行期間の明確化

民法541条の催告解除における「相当の期間」がいかなる期間なのかは、客観的に明確な基準はありません。そこで、解除権の行使が可能になる時期を明確にすべく、催告から解除権の行使が可能になるまでの日数を契約に明記しておくこともあります。

4　不履行の軽微性

民法上、債務の不履行が当該契約及び取引上の社会通念に照らして軽微であるときは、解除権は発生しません（541条ただし書）。もっとも、同条は任意規定であるため、契約書において異なる内容を定めることも可能です。そのため、契約書の解除の規定[25]において、債務不履行が軽微である場合に解

---

[25] 旧法においては、法律上、解除において債務者の帰責事由が必要と考えられていたため、契約書に明記していない場合は、解除にあたり債務者の帰責事由が必要との解釈となっていました。これが、改正民法において債務者の帰責事由が不要と変更されたため、旧法下での契約書と同じように債務者の帰責事由の要否を明記しなかった場合は、旧法下の解釈とは異なり、解除にあたり債務者の帰責事由が不要と解釈されることになります。

除を制限するかどうかが規定されていない場合には、民法541条ただし書が適用されるか否かが一義的に明らかではありません。そこで、違反が軽微な場合に解除権が発生するのかしないのかを、契約書の解除規定に明記しておくことが望ましい場合もあります。

5　解除における債務者の帰責事由

　債務不履行解除においては、債務者の帰責事由は要件となっていませんが、債務者の帰責事由を解除の要件として、契約の拘束力を強めたいと考える当事者（一般的にはベンダであることが多いと考えられます。）は、その旨を契約書に明記しておく必要があります。例えば、JEITAモデル契約においては、相手方の責めに帰すべき事由により本契約又は個別契約のいずれかの条項に違反した場合に限り催告解除を認める旨が規定されています（JEITAモデル契約52条）。

6　他の契約との関係

　システム開発委託契約においては関連する複数の契約が締結される場合があり、そのうち一つの契約の解除が他の契約にどのように影響を及ぼすかが問題になる場合もあります。そこで、一つの契約が解除された場合に、他の契約も解除されるのか、影響を受けないのか、について明記しておくことが考えられます。

 条項例

(1)　条項例（甲：ユーザ、乙：ベンダ）

> **第●条（解除）**
> 1．甲又は乙は、相手方に次の各号のいずれかに該当する事由が生じた場合には、何らの催告なしに直ちに本契約及び個別契約の全部又は一部を解除することができる。

　　　① 　重大な過失又は背信行為があった場合

　　　② 　支払いの停止があった場合、又は仮差押、差押、競売、破産手

　　　　　続開始、民事再生手続開始、会社更生手続開始、特別清算開始の

　　　　　申立てがあった場合

　　　③ 　手形交換所の取引停止処分を受けた場合

　　　④ 　公租公課の滞納処分を受けた場合

　　　⑤ 　その他前各号に準ずるような本契約又は個別契約を継続し難い

　　　　　重大な事由が発生した場合

 ２．甲又は乙は、相手方が本契約又は個別契約のいずれかの条項に違反

　　し、当該違反について催告をした後 14 日以内に相手方の債務不履行

　　が是正されない場合、又は是正される見込みがない場合は、本契約及

　　び個別契約の全部又は一部を解除することができる。ただし、当該期

　　間を経過した時における債務の不履行が当該契約及び取引上の社会通

　　念に照らして軽微であるときは、この限りでない。

 ３．甲又は乙は、第 1 項各号のいずれかに該当する場合又は前項に定め

　　る解除がなされた場合、相手方に対し負担する一切の金銭債務につき

　　相手方から通知催告がなくとも当然に期限の利益を喪失し、直ちに弁

　　済しなければならない。

 ４．個別契約の一が解除された場合であっても、当該解除は、本契約及

　　び他の個別契約に影響を及ぼさない。

⑵　解説

　1 項は、一方当事者の信用状態が悪化した場合等における無催告解除につ

いて規定しています。列挙している事由は一般的な契約で規定されるもので

す。

　2 項は、催告解除の規定です。条項例では、履行の催告における「相当の

期間」を具体的な日数で定めると共に、民法 541 条ただし書の適用を排除す

るものではないことをただし書において明確にしています。

　3 項は、解除がなされた場合における期限の利益喪失事由について規定し

ています。1項の無催告解除事由に該当する場合には、その時点で期限の利益が喪失するものとしており、他の債務不履行の場合には、催告から14日が経過し契約が解除された時に期限の利益を喪失するものとしています。

4項は、個別契約の一つが解除されたとしても、基本契約及び他の個別契約が当然に解除されないことを規定しています。なお、これとは逆に、個別契約の一つが解除された場合に既履行の全ての契約が解除されることを定めることも可能です。

第8章　損害賠償

　Y社（ベンダ）は、X社（ユーザ）から、Xの基幹システムである業務受発注システムの開発を受託した。契約はいわゆる多段階契約で行うことになり、基本契約の他に、要件定義、設計、開発、及びテストの４つの工程に分けて個別契約が締結された。なお、開発に必要であるとのYの指示により、Xは、第三者と契約して専用サーバを設け、また、新たにPCを購入した。

　設計工程までは完了し、開発工程に進んだが、Yが突如経営不振に陥ったことで、このプロジェクトに人的資源を投入できなくなり、結局、契約上定められた納期までに開発工程を終えることができなかった。そこでXはYに対し、納期後に、開発工程の契約解除と損害賠償を求める通知をした。

　Xは、次のような項目を損害として請求していた。

　①開発工程の契約の解除により、それまでの要件定義工程及び設計工程における成果物も無意味になってしまったため、既払いの各個別契約の代金相当額

　②本プロジェクトに要した人件費が無駄になったとして、本プロジェクトに関与したユーザの正社員の人件費相当額

　③専用サーバの月額使用料相当額及びPC購入代金相当額

　なお、YとXとの間の各契約には、XがYに損害賠償をする場合、各個別契約の報酬相当額を上限とする旨の定めがあった。

1　システム開発紛争における損害賠償請求

　システム開発が当初の予定どおりに進まず、それによりユーザが損害を被った場合、ユーザからベンダに対し、損害賠償請求をするという場面があります。このような損害賠償請求は、開発が頓挫してシステムが未完成となってしまった場合のみならず、システムの完成まで一応たどり着いた場合であっても、納期が遅れたり、想定外のコストがかかったような場合にも生じることがあります。

　システム開発紛争におけるこのような損害賠償請求においては、賠償すべき損害の範囲が当初の想定以上に広がってしまう可能性が類型的に高いといえます。それゆえ、システム開発に関する契約においては、損害賠償責任を限定する規定を設けることが一般的です。そこで、本項では、システム開発紛争における損害賠償に関する基本的な事項について解説した上で、損害賠償責任を制限する条項（責任制限規定）について解説をします。

　なお、システム開発紛争における損害賠償請求は、ユーザからベンダに対する請求だけでなく、ベンダからユーザに対する請求も理論上は考えられます。ただ、システム開発紛争が生じた場合におけるベンダからユーザに対する請求は、損害賠償というよりは、未払報酬についての報酬請求の場合が多いといえます。また、前述のとおり損害の範囲が想定以上に広がってしまうというリスクは、主としてユーザ側に発生する損害についてのリスクといえますので（例えばシステムの未完成に起因するユーザ側のビジネス上の逸失利益など）、責任制限規定は、主としてユーザからベンダに対する損害賠償請求を想定して（すなわちベンダの責任を限定する目的で）規定されるものといえます。そこで本章では、ユーザからベンダに対する損害賠償請求を念頭に置いて解説します。

　また、本章では主として債務不履行に基づく損害賠償請求を前提として解説しますが、改正民法においては債務不履行と契約不適合責任の損害賠償請求が統一されており、また、債務不履行と不法行為の損害賠償請求は理論的

に共通する部分が多いことから、本章で解説する内容については、請求根拠を異にする他の損害賠償請求にも基本的に共通して当てはまるといえます。

2　損害賠償の範囲

(1)　因果関係及び損害

　ユーザが被った損害のうちいかなる損害について賠償を求めることができるのかは、損害賠償の範囲の問題です。損害賠償の範囲については民法416条に定めがあり、これは不履行と「相当因果関係」にある範囲の損害について、不履行をした当事者に賠償責任を負わせる定めであると解されています[26]。実際に生じた損害が「相当因果関係」の範囲内の損害か否かは、①当該損害が「通常生ずべき損害」（通常損害）であれば、相当因果関係の範囲内と解され（1項）、②それ以外の「特別の事情によって生じた損害」（特別損害）であっても、損害賠償義務を負う当事者が、当該損害の発生について「予見すべきであったとき」には相当因果関係の範囲内と解されます（2項）。ただ、何が「通常」で何が「特別な事情」なのかについては、客観的な判断基準はなく、具体的な事案に応じてケースバイケースで判断せざるを得ません。

　例えば、システム開発でいえば、システム運用コストの削減を目的として、旧システムよりも運用コストが低い新システムを開発していたが、完成が遅延したため、遅延した期間分は運用コストの高い旧システムの運用を続けねばならなかったような場合は、余分にかかった運用コストについては、通常損害として損害賠償の範囲に含まれると考えられます。他方、その場合において、新システムの完成が遅延したために、ユーザがかねてから秘密裏に計画していたライバル会社との合併計画が頓挫して、合併後の新規事業で得られるはずであった莫大な利益が失われた（逸失利益）、といった場合、その逸失利益はユーザが被った損害ではありますが、完成遅延によって通常生ずべき損害とはいえませんので、「通常損害」として損害賠償の範囲に含ま

---

[26] 最判昭和59年2月16日集民141号201頁など

れるわけではなく、ベンダが予見していた場合にはじめて「特別損害」として損害賠償の範囲に含まれることになります。

(2) システム開発紛争における「損害」

　損害賠償の範囲に関する一般論は前述のとおりですが、実務上は、このような一般論だけで解決できることはむしろまれです。なぜなら、通常生ずべき損害という「通常損害」の概念それ自体が評価を含むものであるため、具体的な事案においては、その損害が通常損害であるかどうか判断が難しいことが多いからです。特にシステム開発紛争においては、請求の対象となり得る損害項目が多岐にわたることが多いということもあり、その判断はより一層複雑になります。

　以下では、損害項目のうち、実務上問題となることの多い、ア　逸失利益、イ　人件費、ウ　第三者に支払った費用、エ　既存システムに係る費用、オ　別のベンダへ支払う開発費用につき、それぞれ賠償すべき損害に該当するかについて解説します。

ア　逸失利益

　新システムの開発が遅延して、システムが利用できなかったため、その間、事業の売上が通常どおり上げられなかった、といった事案では、遅延した期間中に本来であれば得られたであろう利益（逸失利益）は、通常損害に該当し、損害賠償の範囲に含まれるといえます。実際にも、ウェブ注文による弁当の宅配システムの開発について、ベンダが開発したシステムに瑕疵があり、システムを修補する期間について宅配サービスを提供できなかった、という事案において、宅配サービスを提供できなかった期間中に得られたであろう利益についての損害賠償請求を認めた裁判例があります[27]。

　ただし、逸失利益が実際に裁判において損害として認められるためには、立証上のハードルがあります。裁判では、損害を被ったと主張するユーザ側

---

[27] 東京高判令和2年2月26日（プレナス・東計電算事件）

において、得ていたであろうはずの利益の金額を、証拠に基づいて「立証」しなければなりませんが、このような利益はそもそも、本業の市場動向や、ユーザ側の努力など多くの不確定要素に左右されるため、いかなる資料があれば立証できるのか判断が難しく、またそもそもそういった客観的な資料が必ずしも存在するとは限らないため、実際上の立証のハードルは高いでしょう[28]。

　特別損害の場合は、さらにハードルが上がります。例えば、ユーザが新システムを自社利用のみならずパッケージにして他社に販売することも計画していたような場合において、新システムが未完成であったため、新システムを販売した場合に得られたであろう利益を逸失利益として損害賠償請求するといった場合です。このような事案では、開発したシステムを、ユーザが自社利用の他にさらに販売すること自体が通常ではないと思われるため、この場合の逸失利益は、特別損害として、ベンダが予見できる事情があった場合に限って、相当因果関係がある損害に該当するといえるでしょう。仮に、ベンダがユーザによるそのようなシステムの販売を予見していたとしても、具体的な損害額の立証も、前述のとおり容易ではありません。裁判例では、歯科医院向けのレセプトコンピュータシステムの開発を委託したユーザが、当該システムを他の歯科医院に販売することを計画していた事案において、その販売による利益が損害であるとユーザが主張したのに対し、ベンダがシステム開発の受注に際して、ユーザに対して横展開した場合の売上計画書を提示して具体的な販売利益を示していたこと（＝予見可能であったこと）は認定されたものの、それがあくまでベンダの予測に過ぎないことを理由に、損害の発生が立証されていないと判断したものがあります[29]。

---

[28] 例えば、旭川地判平成 28 年 3 月 29 日判時 2362 号 64 頁は、ユーザが当該システム導入により約 10 億円のコスト削減が見込めたとして、これを逸失利益としてベンダにその賠償を求めましたが、裁判所は損害の立証が足りないなどとして約 2 億円しか損害と認めませんでした（なお、この事案では控訴審においてベンダの責任を否定する逆転の判断がされています。）。
　また、東京地判平成 29 年 3 月 21 日は、ユーザに逸失利益があることは認めましたが、ベンダの義務違反との関係では因果関係を否定しています。

[29] 東京地判平成 23 年 4 月 6 日

イ　人件費

　ベンダの責任でシステム開発が頓挫した場合は、ユーザからすれば、その
システム開発に従事していた自社の従業員の作業が全て無駄になってしまっ
たといえるので、これらの従業員の人件費を、損害としてベンダに請求した
いところでしょう。また、開発が頓挫しなかったとしても、遅延によって
ユーザにも余分な作業が生じてしまった場合には、余分な作業に対応した従
業員の人件費も損害としてベンダに請求したいという場合もあります。

　しかしながら、自社の従業員の人件費は、システム開発の有無やその頓挫
の有無にかかわらず、当該従業員を雇用している限りユーザが当然負担する
費用です。また、システム開発に専従している従業員であればともかく、そ
うでない従業員の人件費は、システム開発の遅延や頓挫によって発生した費
用といえない場合も多いと思われます。

　他方、当該システム開発に専従していた人の人件費や、専従ではなくても
そのシステム開発の業務によって生じた残業代については、因果関係を有す
る損害と評価できる場合もあると解されます[30]。

ウ　第三者に支払った費用

　システム開発に用いるサーバについて、ユーザがサーバ事業者との間で利
用契約を締結するといったように、ユーザが、システム開発に要する費用の
一環として、ベンダとは別の第三者に費用を支払うことがあります。このよ
うな場合において、ベンダによる開発遅延が生じた場合、ユーザが第三者に
対して費用を支払う期間が延び、それにより余分に費用を支払わねばならな
くなりますが、この場合の余分に支払った費用は、通常損害として認められ
る可能性が高いといえます。そのような費用をユーザが負担していること
は、ベンダも認識していることが通常だからです。

　他方、システム開発のためにユーザが第三者から購入したものが無駄に
なった、という場合には、少し問題があります。例えば、ユーザが第三者か

---

[30] 東京地判平成 25 年 5 月 28 日判タ 1416 号 234 頁など

ら、新システムのために必要なハードウェアや OS を購入したが、その後、ベンダの債務不履行によってシステム開発が頓挫した場合、このハードウェアや OS の購入代金等が損害といえるでしょうか。この点、購入したハードウェア等が汎用性のないものであり、他に転用が不可能な場合には、購入したことが全くの無駄であったといえますので、損害となり得ます。しかしながら、転用や転売が可能な場合には、ユーザは支払った購入代金に見合った価値のものを取得しているといえますので、少なくとも、購入代金全額が損害であると主張するのは困難でしょう。このような場合は、転用や転売によっても補填しきれない分があった場合のみ、その差額分を損害として請求できるに過ぎません。

エ　既存システムに係る費用

　先に挙げた事例のように、旧システムよりも運用コストが低い新システムを開発していたが、ベンダの責任で完成が遅延したため、遅延した期間分は運用コストの高い旧システムの運用を続けねばならなかったような場合、そのコストの差額分は、原則として、損害として認められます。このような損害には、例えば、新システムより既存システムの保守費用の方が高額であった場合のその差額分や、遅延期間中に旧システムを延命させるために支出せざるを得なかった費用（旧機器の更新費用等）などがあります。

　新システムの開発が頓挫してしまった場合は、こういった費用をどの程度の期間分まで請求できるのかが問題となります。裁判例には、開発が頓挫することをユーザが認識すべき時から、別のベンダにて新システムを開発したとした場合にそれが完成するまでの期間に限り、相当因果関係を有する損害であると判断したものがあり[31]、参考になります。

オ　別のベンダへ支払う開発費用

　システム開発が頓挫した場合において、ユーザが当初のベンダとは別のベ

---

[31] 東京高判平成 29 年 12 月 13 日

ンダに対し、改めてシステム開発を発注することがあり、その別のベンダに支払う開発費用を、ユーザが当初のベンダに対し損害として賠償請求ができるかが問題となります。この点、別のベンダへ支払う費用は、その新システムの対価であって、この費用の支払いが無ければそもそも新システムを開発できませんので、この費用分は原則として損害に該当しません[32]。ただし、当初ベンダの責めに帰すべき事由により開発費用が高くなったような場合には、その差額分については相当因果関係を有する損害として認められると解されます[33]。

3 責任制限規定

(1) システム開発委託契約における責任制限規定の意義

システムはその性質上、不具合が存在した場合、ユーザの事業に重大な損害を与えるおそれがあり、その損害がときには莫大な額になる危険性があります。特に近時は、システム自体の規模の大小にかかわらず、システムの不具合によって個人情報が漏洩したり、第三者へ損害を被らせてしまうおそれがあることは、容易に想像できます。

そこで、このような場合に備えて、主としてベンダの損害賠償責任の上限を画する目的で、契約においてあらかじめ損害賠償の範囲を制限しておくことが、システム開発委託契約の実務においては一般的といえます。このようないわゆる責任制限規定は、無限定に広がり得るベンダの損害賠償責任を合理的に制限するものであり、原則として有効な規定と考えられています[34]。なお、ユーザにとっては損害賠償請求が制限されてしまうことになるものの、理論上は、ベンダの負うべき責任を制限することによって、システム開発の費用を合理的な範囲に収めることが可能となる、というメリットもあります（逆に、ベンダの責任が制限されていない場合、ベンダとしては、不測の事態に備

---

[32] 東京地判平成22年9月21日判タ1349号136頁では、当初ベンダがその賠償責任を負うとすると、ユーザは、何らの対価を支払うことなく、専ら当初ベンダの負担により契約の目的を達することとなり、これが相当でないことは明らかであると判示しています。

[33] 東京地判平成25年11月19日

[34] 責任制限規定が信義則違反で無効というユーザの主張を否定し、有効と判断した裁判例として、東京地判平成31年3月20日（野村・日本IBM事件第一審）など。

えて開発費用を高めに見積もらなければならなくなるため、結果としてユーザの負担が増えるともいえます。)。

　契約実務で見られる責任制限規定としては、ユーザからベンダに対する損害賠償請求にのみ適用されるものと、ベンダとユーザの双方に適用されるものがあります。これまで述べたとおり、システム開発において損害賠償請求が問題となるのは主としてユーザからベンダへの請求の場合であり、責任制限規定が問題となり得るのもユーザからベンダへの請求の場面が多いと思われますので、ここでも、ユーザからベンダへの損害賠償請求を制限するという前提で解説します。

(2)　制限の対象

　責任制限規定において制限する対象は、損害賠償額だけでなく、いくつか種類が考えられますが、ここでは代表的な損害賠償額、損害の種類、権利行使期間、について解説します。なお、契約書においてこれらが複数規定された場合、重畳的に適用されるのが一般的です。

ア　損害賠償額の制限

　損害賠償額の制限とは、ベンダが負う損害賠償額に上限を定めるものです。

　上限額をどのように定めるかについて、客観的な基準はありませんが、実務では「ベンダが受領した報酬額」を上限とすることがしばしば見受けられます。ただし、報酬額を上限額の基準とするとしても、様々なバリエーションが考えられます。

　例えば、報酬額の実額を上限とするのではなく、「報酬額の●倍」を上限とする方法もあります。また、多段階契約の場合は、個別契約が複数締結されますが、原因となった個別契約の報酬額を上限とするのか、それともそれまでにベンダが受領した報酬の総額を上限とするのかで、上限額が大きく異なってきます。

　このように、上限額の定め方は、報酬額を基準とするにしても様々な方法が考えられますので、最終的には、損害が発生する可能性の大小、損害が発

生した場合の金額規模、ベンダの報酬額、といった諸要素を考慮しつつ、プロジェクトの実態に即して合理的と思われる内容を、ユーザ・ベンダ間の契約交渉で定めることになります。

イ 損害の種類の制限

契約書に記載される損害の種類としては、前記2(1)で説明した通常損害と特別損害の他に、直接損害、間接損害、付随的損害、及び派生的損害等、様々なものがあります。しかし、通常損害と特別損害は前述のとおり民法上の概念ですが、その他のものは、日本の法律において内容が特定されているわけではないため[35]、契約文言の解釈によって内容を確定することが必要となります。

例えば、直接損害については、ベンダが「直接の結果として現実に被った損害」に限定して責任を負う、という表現で規定されることがあり、この場合の「直接の結果として現実に被った損害」とは、（予見可能性があったとしても）特別事情による損害（特別損害）については責任を負わず、さらに逸失利益についても責任を負わない趣旨であると解することが可能です[36]。すなわち、民法上の通常損害よりも、さらに狭い範囲の損害です。ベンダは、システム開発に当たってユーザと深く関わり、ユーザの事業の状況についても多くの情報に触れることになるため、特別な事情についても予見可能性が認められやすく、通常の民法上の損害賠償の範囲では責任が過大になるおそれがあります。そこで、ベンダにとってはこのような制限をかけることが合理的であるといえます。なお、「直接の結果として現実に被った損害に限定して損害賠償を負う」と規定するだけでは足りず、あわせて「特別の事情によって生じた損害について賠償責任を負わない」旨も明記しておかなければ、特別事情による損害、逸失利益についての損害や間接損害を負わないとする趣

---

[35] 例えば、直接損害、間接損害という概念は、会社法429条の解釈などを巡り、企業損害について議論されてきた概念であり、システム開発紛争の場面において確立された定義があるわけではありません。また、そもそも直接・間接の区別も曖昧であると指摘されています（内田貴『民法Ⅲ（第4版）』（東京大学出版会、2020）211頁）。

[36] 経産省モデル契約解説〈第2版〉144頁参照。

旨が明らかにはならないという指摘もあります[37]。

　また、直接損害、間接損害、付随的損害、又は派生的損害という用語が、定義や説明無しでそのまま契約上用いられている場合も多く、そういった場合は、それらの損害の内容を一義的に解釈することや、具体的な損害がいずれに当てはまるかを判断することが難しい場面も多いと思われます。そのような規定の場合、責任を負うべき損害の種類を限定していることは契約上読み取れるものの、具体的にいかなる損害が除外されるかはケースバイケースで判断されることになる可能性もあるため、注意が必要です。

ウ　権利行使期間の制限

　契約不適合責任に基づく請求については、民法上は 1 年（637 条 1 項）、商法上は 6 か月（526 条 2 項）と、その権利行使期間が短期に制限されています。このような契約不適合責任の期間制限を派生させて、契約不適合責任に限らず、債務不履行や不法行為に基づく損害賠償についても期間制限を設けるということが考えられます[38]。その場合、期間は契約不適合責任と同じく 6 か月〜1 年とされることが多いように思われます。

　ただ、このような期間制限は、ベンダにとって有利ではありますが、ユーザにとっては、権利行使期間が非常に短期間に限定されることになってしまいますので、合理性は無いと考えられます。ユーザとしては、契約不適合責任の権利行使期間が短期だからといって債務不履行や不法行為に基づく損害賠償請求まで制限すべき根拠とはならないこと、前述ア、イの制限があればベンダの責任制限としては十分であること、などを主張して、このような権利行使期間の制限は、契約交渉において拒絶するということが考えられます。

(3)　故意・重過失がある場合の責任制限規定

　責任制限規定においては、故意・重過失の場合は適用されないことを明記

---

[37]（社）電子情報技術産業協会ソリューションサービス事業委員会『ソフトウェア開発モデル契約の解説』（商事法務、2008）208 頁
[38]経産省モデル契約 53 条参照。

する場合があります。ここで、以下、重過失とは何か、故意・重過失の場合
は適用されない旨の記載が無い場合にどうなるのか、を解説します。

ア　重過失とは何か

　重過失について、従来の判例では、「通常人に要求される程度の相当な注
意をしないでも、わずかの注意さえすれば、たやすく違法有害な結果を予見
することができた場合であるのに、漫然これを見過ごしたような、ほとんど
故意に近い著しい注意欠如の状態を指す」と判断されていましたが[39]、近時
は、このような主観的な心理状態ではなく、客観的な注意義務違反と捉える
ことが裁判実務上一般的であると考えられています[40]。より具体的には、結
果の予見が可能かつ容易であり、その回避も可能かつ容易であるにもかかわ
らず、漫然と結果を生じさせてしまった場合、が重過失であると考えられて
います[41]。

　システム開発の裁判例では、ベンダが SQL インジェクション対策を講じ
なかったことで個人情報が流出したという事案において、経済産業省及び独
立行政法人情報処理推進機構が、ウェブアプリケーションに対する代表的な
攻撃手法として SQL インジェクション攻撃を挙げて対策するよう注意喚起
していたことから、ベンダにとって結果の予見が容易であり、かつ、具体的
な対策に多大な労力や費用はかからず、結果回避も容易であったとして、重
過失を認定したものがあります[42]。他方、別の裁判例では、通常のベンダと
しての裁量を逸脱して社会通念上明らかに講じてはならない不合理な対応策
をとったとか、ベンダとして社会通念上明らかに講じなければならない対応
策を怠った、とは言えないとして、重過失を否定しているものがあります[43]。

---

[39] 最判昭和 32 年 7 月 9 日民集 11 巻 7 号 1203 頁
[40] 東京高判平成 25 年 7 月 24 日（ジェイコム株式誤発注事件）
[41] 前掲注 40 裁判例（ジェイコム株式誤発注事件）
[42] 東京地判平成 26 年 1 月 23 日判時 2221 号 71 頁
[43] 東京地判平成 31 年 3 月 20 日（野村・日本 IBM 事件第一審）

イ　故意・重過失の場合は適用されない旨の記載が無い場合

　責任制限規定の定めはあるが、故意又は重過失の場合には責任制限規定は適用しない、という規定がない場合、契約書の文理上は、ベンダの故意や重過失によってユーザに損害が生じたとしても、ベンダの損害賠償責任は責任制限規定によって制限されるようにも思われます。

　しかしながら、このような記載が無かったとしても、故意がある場合には責任制限規定は適用されないと解されています[44]。また、重過失がある場合についても、責任制限規定は適用されないというのが裁判例の趨勢といえます[45]。

　故意・重過失と責任制限規定の関係は以上のとおりですが、実務上は、重過失に該当するか否かの判断は難しい場合が多いといえます。前記アで解説したとおり、重過失であるというためには、結果の予見が可能かつ容易であり、その回避が可能かつ容易であることについて、ユーザ側で立証する必要がありますが、一般的に、ベンダが裁量を逸脱して社会通念上明らかに講じてはならない不合理な対応策をとったとか、社会通念上明らかに講じなければならない対応策を怠った、とまで立証することは難しい場合が多く、立証のハードルがあることには留意が必要です。

(4)　損害賠償の根拠と責任制限規定

　システム開発におけるユーザからベンダに対する損害賠償請求の根拠としては、契約違反（債務不履行）のほか、支払った代金についての不当利得返還請求や、不法行為に基づく損害賠償請求という方法もあります。このように請求の根拠が異なる場合、法律上はそれぞれ別個の請求であるとされますので、契約上の責任制限規定が、これらのうちいずれの請求根拠に基づくものに対して効力を及ぼすのか、問題となる場合があります。

　例えば、いかなる根拠に基づく損害賠償請求を対象とするかについて特に記載することなく責任制限規定を定めた場合、制限されるのが債務不履行責

---

[44] 最判平成 15 年 2 月 28 日判時 1829 号 151 頁など
[45] 東京地判平成 26 年 1 月 23 日判時 2221 号 71 頁など

任に限られるのか、あるいは不法行為等に基づく請求についても適用があるのかについては、その契約条項がどのように解釈できるかの問題であり、契約文言に加えて、交渉経緯などを踏まえて、当事者の合理的な意思が何であるかを事後的に解釈することになります。このような規定に関する裁判例の中には、不法行為については責任制限規定が適用されないと判断したものがありますが[46]、不法行為についても責任制限規定の適用を認めると判断するものが多いといえます[47]。いずれにせよ、特にベンダ側は、責任制限規定を設ける趣旨からすれば、請求の根拠の如何にかかわらず責任を制限しなければ十分ではありませんので（例えば債務不履行と実質的に同内容について不法行為を根拠として請求されることもありますので、債務不履行責任についてのみ責任を制限したとしても実効性が半減してしまいます。）、責任制限規定を定める場合には、請求の根拠を問わずに責任が制限されることを明記すべきであるといえます。

4 過失相殺・損益相殺

(1) 過失相殺

システム開発は、ユーザとベンダの協力によって行われるものですので、仮に一方の過失により相手方に損害が生じていたとしても、その相手方にも何らかの責任があることも少なくありません。このような場合、損害賠償義務を負う側から、過失相殺（民法418条、722条2項）の主張がなされることがあり、現に、損害賠償が問題となる場合の多くの事案で過失相殺が問題となっています[48]。

---

[46] 東京地判平成25年3月13日

[47] 最判平成10年4月30日判時1646号162頁は、運送人の荷送人に対する責任について、契約上の免責条項には不法行為に適用される旨の定めが無かったものの、不法行為に基づく責任についても適用されるものと解するのが当事者の合理的な意思に合致すると判断しています。
また、東京高判平成25年7月24日（ジェイコム株式誤発注事件）は、不法行為について適用があるか不明確な定めでしたが、責任制限規定を設けた趣旨を踏まえて、債務不履行責任のみならず、不法行為責任をも対象としたものであることは明らか、と判断しました。

[48] 過失相殺を認めたものとして東京地判平成25年5月28日判タ1416号234頁など。

　過失相殺とは、債務不履行に基づく損害賠償請求をする側に過失があった
ときに、裁判所は、その過失を考慮して、損害賠償の責任及びその額を定め
るというものです（民法 418 条）。例えば、ベンダのプロジェクトマネジメン
ト義務違反によってユーザに 100 万円の損害が生じた場面において、ユーザ
にもベンダに対する協力義務違反が認められ、裁判所がユーザの責任割合が
4 割であると判断した場合には、ユーザがベンダに支払いを求めることがで
きるのは、6 割分である 60 万円に留まる、というものです。

　債務不履行に基づく損害賠償請求では、損害賠償請求をする側に過失が
あったとき、裁判所は責任の成否及びその額について「必ず」考慮しなけれ
ばなりません。他方、不法行為に基づく損害賠償請求についても、過失相殺
の定めがありますが（民法 722 条 2 項）、債務不履行における過失相殺とは異
なり、あくまでも裁判所は、過失を考慮して損害賠償の額を定めることが
「できる」とされているだけであって、過失相殺は必須ではありません。

(2)　損益相殺

　損益相殺とは、債務不履行の債権者や不法行為の被害者が同じ行為から利
益を受けた場合において、損害と利益に同質性がある限り、損害賠償額から
その利益額を差し引くという法理です。例えば、ベンダの債務不履行を理由
としてユーザが解除を主張し、既に支払った報酬と同額が損害であるとして
損害賠償請求した場合、ベンダは「既履行分は損害額から控除すべきであ
る」と反論することがあります。このような場合において、現にベンダの既
履行部分があり、ユーザが新たに委託する別ベンダが行うシステム開発にそ
の既履行部分を利用することができるなど、ユーザに利益が認められる場合
には、ユーザが請求できる損害から当該利益分を差し引くという損益相殺が
認められることになります。裁判例においても、損益相殺を認めたものがあ
ります[49]。

---

[49] 札幌高判平成 29 年 8 月 31 日判時 2362 号 24 頁など

5 事例の解説

(1) 契約の解除の可否

納期までに開発工程を終えることができなかった原因が、Y社が経営不振に陥ったことで人的資源を投入できなくなったことですので、Y社に帰責性のある履行遅滞であるといえます。したがって、X社は、Y社の債務不履行に基づき、開発工程の契約を解除することができます（民法541条、542条）。

(2) X社が主張している損害

ア 各契約代金相当額

開発工程の契約を解除したことによって、前工程である要件定義工程と設計工程の成果物は無意味になったとして、既払いの各個別契約の代金相当額の損害賠償を求めるというX社の主張は認められるでしょうか。

開発工程の個別契約について、旧民法の瑕疵担保責任に基づく解除が認められた場合に、ユーザからその前工程である要件定義や外部設計のための費用が無駄になったので損害に該当するとの主張がなされましたが、開発工程段階に至って発生した瑕疵が原因で無駄になったわけではないとして、要件定義や外部設計のための費用について相当因果関係を否定した裁判例があります[50]。また、ある工程が履行不能になりシステムの完成が不可能となったから、全ての前工程が遡って履行不能になる、とのユーザ側の主張に対して、裁判所が、多段階契約を締結したということは、各契約が順次締結され、その個別具体的な債務の履行の終了を順次積み重ねていくことにより、段階的に達成されていくことが当事者間で予定されていたこと、各工程が終了してもなお最終的な契約目的が達成されるまで債務が履行未了のものとして残存するのは、多段階契約を締結したという当事者の合理的意思に反する、と判示して、ユーザ側の履行不能の主張を認めなかったという裁判例も参考になります[51]。多段階契約の趣旨に鑑みれば、多段階契約を選択したということは、各個別契約は独立しているものと評価するのが、当事者の合理

---

[50] 東京地判平成25年5月28日判タ1416号234頁
[51] 東京地判平成31年3月20日（野村・日本IBM事件第一審）

的意思に合致するといえるでしょう。そうすると、開発工程に債務不履行があるからといって、前工程の支払済代金までもが損害であると評価すべきではなく（そのように評価することは、実質的には、後工程の債務不履行を原因として、前工程の契約にも債務不履行があったと評価することと同じと考えられます。）、X社は既払いの各個別契約の代金相当額の損害賠償を求めることはできないと考えるべきでしょう。

イ　ユーザの人件費相当額

　X社は本プロジェクトに関与したユーザの人件費が無駄になったとして、ユーザの正社員の人件費相当額を請求しています。

　まず、損害というためには、債務不履行のあった開発工程についての人件費である必要があり、それより前の要件定義工程や設計工程に従事した人件費を、債務不履行と相当因果関係のある損害ということはできません（前項参照。）。

　次に、当該プロジェクトに専従していた従業員であれば、その人件費は相当因果関係のある損害と認められる場合もあるといえますが（前記2(2)イ参照）、専従ではなく他の業務も行っていた従業員の基本給については、このプロジェクトがなくてもX社が負担していたはずの費用であるとして、損害とは認められないのが一般的です。

　他方、残業代については、それがY社の債務不履行により、X社の従業員に余分な残業が生じていれば理論上は請求可能です。ただ、特に他の業務も並行して担当していた従業員であるとすると、本プロジェクトに起因した残業であることまで立証するのは、困難な場合が多いように思われます。

ウ　専用サーバ月額使用料及びPC代金

　X社は、開発のために専用サーバの新規契約及びPCの購入をしています。これらに要した費用は、Y社の債務不履行により無駄になった費用といえますので、X社はY社に対してサーバ月額使用料相当額及びPC代金相当額を損害賠償請求できます。もっとも、後述するとおり、PCがX社にて転用可能であるなど、X社にとって利益をもたらしている場合には、損益相

殺の対象となります。

(3)　責任制限規定

　X 社と Y 社との間の各契約には、X 社が Y 社に損害賠償をする場合、各個別契約の報酬相当額を上限とする旨の定めがあります。このような責任制限規定は、損害賠償請求を受ける側に故意又は重過失が無い限りは有効と考えられますので（前述 3 参照）、X 社は、Y 社に故意又は重過失がない限り、あくまで開発工程の個別契約における報酬相当額までの損害賠償請求しか求めることができません。

(4)　損益相殺

　Y 社が開発工程で製作していた開発中の成果物について X 社が利用できる部分があったり、開発工程に必要であるとして購入した PC 等で転用可能なものがある場合には、それによって X 社が利益の受ける限度で損益相殺され、Y 社の賠償額が減額されます。

 契約書における留意点

　債務不履行や不法行為があった場合に損害賠償請求ができることは、民法の定めから当然ですので、損害賠償が請求できるという定めそれ自体はさほど重要ではありません。契約書では、その例外をどのように規定するのか、具体的には責任制限規定をどのように定めるのかが重要です。

　責任制限規定といっても、既に説明したとおり、①損害賠償額の制限、②損害の種類の制限、③権利行使期間の制限などの異なる項目の組合せがあり、どれが良いと一義的に定まるものではありません。一般的に請求者となることの多いユーザにとっては、できる限り制限しない方が望ましいですが、ベンダは逆に、損害賠償の負担が予想外に高額になってしまう可能性を減らすために、できる限り制限したいところです。

　また、損害賠償の根拠と責任制限規定で説明したとおり、損害を回復する

請求は、債務不履行に基づく損害賠償請求に限られませんので、金銭的なリスクの上限を確定するためには、責任制限規定の対象が債務不履行に基づく損害賠償請求に限られるのか、それともいかなる請求根拠についても制限を課すものなのかについて、意識して契約文言を定める必要があります。

　なお、以上の説明では、主に被請求者となると思われるベンダの責任を制限するという方向で説明してきましたが、もちろん、ユーザもベンダから損害賠償請求を受け得るため、仮に責任制限規定を設けることになった場合には、ユーザとしては、自己の責任も制限されるように規定を整える必要があります。

条項例

1　比較的公平な条項例

(1)　条項例（甲：ユーザ、乙：ベンダ）

第●条（損害賠償）

1．甲及び乙は、本契約及び個別契約の履行に関し、相手方の責めに帰すべき事由により損害を被った場合、相手方に対して、損害賠償を請求することができる。

2．本契約及び個別契約の履行に関する損害賠償の累計総額は、債務不履行（契約不適合責任を含む。）、不当利得、不法行為その他請求原因の如何にかかわらず、帰責事由の原因となった個別契約に定める報酬の金額を限度とする。

3．前項は、損害賠償義務者の故意又は重大な過失に基づく場合には適用しないものとする。

---

(2)　解説

　本条項例は、賠償請求の対象となる損害の種類や、権利行使の期間制限について、特段の定めをしていませんので、これらの点においては民法上の損害賠償請求とほぼ同様と解釈できます。他方、2項において、損害賠償額の

上限を定めています。

　このような規定は、賠償請求される側（主としてベンダ）にとって、いかなる損害を賠償請求されるのか不明であるという点や、原則として消滅時効である5年間（民法166条1項1号）という比較的長めの権利行使期間があるという点において、ベンダ側には不利ともいえますが、2項において損害賠償額の上限を定めることでベンダの責任を限定し、いわばバランスをとっているとも解釈でき、その意味で、比較的公平な条項例であると考えられます。

　なお、賠償額の上限を「個別契約に定める報酬の金額」と定めることは実務上しばしばありますが、事案によっては低過ぎる場合もありますので、一般的であるからといって無批判にこのような金額上限とすることはせず、事案に即した上限額を交渉することも重要です。

2　ベンダに有利な条項例

(1)　条項例（甲：ユーザ、乙：ベンダ）

第●条（損害賠償）

1．甲及び乙は、本契約及び個別契約の履行に関し、相手方の責めに帰すべき事由により損害を被った場合、相手方に対して、損害賠償を請求することができる。

2．前項の定めにかかわらず、乙は、乙の予見の有無を問わず特別の事情から生じた損害、逸失利益、データ・プログラムなど無体物の損害、及び、第三者からの損害賠償請求に基づく甲の損害については、責任を負わない。

3．本契約及び個別契約の履行に関する損害賠償の累計総額は、債務不履行（契約不適合責任を含む。）、不当利得、不法行為その他請求原因の如何にかかわらず、帰責事由の原因となった個別契約に定める報酬の金額を限度とする。

4．前項は、損害賠償義務者の故意又は重大な過失に基づく場合には適用しないものとする。

---

(2)　解説

　本条項例は、前記1の条項例に、損害賠償の対象となる損害を制限する規定を2項に追加したものです。どのような損害を賠償対象から除外するかは契約によりますが、規定するのであれば明確であるべきです。

　例えば、「直接損害」「間接損害」「付随的損害」「派生的損害」といった用語が実務上しばしば用いられていますが、前述（争点解説3⑵イ）のとおり、契約上の定義無しではこれらの用語の意味するところは一義的ではありません。そこで本条項例では、除外の対象となる損害をより具体的に記載しています。これらは一例ですので、事案に応じてこの程度の粒度で具体的に規定するのが望ましいといえます。

第9章 知的財産権の帰属

事例

事例1

> X社（ユーザ）は、Y社（ベンダ）に対してプログラムの開発を委託し、Yはプログラムを開発して納品し、Xはその対価として1000万円の支払いをした。Xは、そのプログラムがA社により無断に利用されているとして、A社に対し著作権侵害の不法行為に基づく損害賠償を請求した。XとYとの間のプログラム開発委託契約には、成果物たるプログラムの著作権の帰属に関する規定はない。

事例2

> X社（ユーザ）の製造販売する振動制御器Pに組み込まれたプログラムは、XがY社（ベンダ）に対して委託して制作したものである。Xは、このプログラムを改変して振動制御システムQに組み込んで販売した。Yは、振動制御システムQを販売するXの行為が、Yのプログラムの著作物の翻案権を侵害するとして、振動制御システムQの製造及び販売の差止め等を求めた。XとYとの間の契約には「本契約に基づき開発されたプログラムの著作権はXに帰属する」との条項があった。

事例3

> X社（ユーザ）は、Y社（ベンダ）に対して、土木出来形（出来型）自動

作図システムのプログラム R の開発を委託し、そのプログラムの著作権は X と Y の共有とされた。Y が X の同意なくプログラム R を販売目的で複製して、販売していたので、X は、プログラム R の著作権の共有持分に基づきその行為の差止め等を求めた。

事例 4

　Y 社（ベンダ）は、X 社（ユーザ）から X 社内の基幹システムのプログラム開発を受託した。X と Y が基幹システムの要件定義をする中で、社外の端末から社内ネットワークに接続する際の従来の認証方式ではセキュリティ上の問題があるという課題があり、協議の結果、新たな認証方式を採用することとした。Y は、この新たな認証方式を Y の従業員 B が発明したものとして、特許出願し、登録を受け、さらにこの認証方式を Y が第三者から受託したシステムのプログラムにも採用した。しかし、X からは、この発明は X の従業員 A が発明したものであるから、当該特許権を Y から X に移転するよう請求をするとともに、当該特許権に基づき Y に対して認証方式を採用したプログラムの製造等の差止め等を求めた。

 争点解説

1　知的財産権に関する契約条項の重要性

　システム開発委託契約においては、知的財産権の帰属や利用に関する条項を設けることが一般的です。ただ、一口に知的財産権といっても、著作権と、特許権等の産業財産権では、法律の作りが根本的に異なる部分があることから、相違点を意識して正確な条項を作成することが重要です。そこで、本章では、システム開発委託契約を作成する際に必要となる、知的財産権に関する基礎的な知識についての解説をした上で、契約書上の留意点や条項例について解説をします。

2 著作権に関する基礎知識

契約における著作権の帰属についての条項において、ポイントとなるのは以下の点です。

① 著作権は委託料を支払ったというだけでは移転しないこと。

② 著作権（著作財産権）は、特掲しない限り、翻案権及び二次的著作物の利用に関する原著作者の権利が移転しないこと。

③ 著作権のうち著作者人格権は譲渡できないこと。

④ 著作権を共有とする場合、共有者の同意がなければ利用できないこと。

(1) 前提知識

著作権の帰属の解説をする前に、前提として著作権とは何かについて説明します。

著作権は、権利の束ともいわれており、複数の権利の総称になります。著作権には、大きく分けて、著作財産権（狭義の著作権）と著作者人格権があります。なお、著作隣接権というものもありますが、システム開発との関係が薄いので、本章での解説は割愛します。

【図1：著作権】

著作財産権には、著作物をコピーする権利である「複製権」のほか、その著作物を人に伝達する権利が存在し、その伝達する権利は、その伝達方法によって、上演権、演奏権、口述権、展示権、上映権、頒布権、譲渡権、貸与権、公衆送信権が存在します。プログラムの著作物で主に問題となるのは、

譲渡権、貸与権、及びインターネット等を通じて提供する権利である公衆送信権になります。

　また、著作財産権には、著作物を加工して別の著作物を創作する（これを「翻案」といいます。）権利である「翻案権」が存在し、著作権法27条に規定されています。また、元の著作物を翻案して創作された著作物（これを「二次的著作物」といいます。）を複製したり、又は人に伝達したりする場合には、元の著作物の著作者（これを「原著作者」といいます。）の許諾が必要となります。この権利は「二次的著作物の利用に関する原著作者の権利」といい、同法28条に規定されています。このように、著作財産権には、著作物を翻案する権利である翻案権、翻案により創作された著作物を利用するための権利である二次的著作物の利用に関する原著作者の権利が定められています。

```
┌─────────────────────┐ ┌─────────────────────────────┐
│①コピーを作成する権利  │ │③人に伝達する権利            │
│・複製権（21条）      │ │【他人に直接見せる聞かせる権利】│
│                     │ │　・上演権・演奏権（22条）    │
└─────────────────────┘ │　・上映権（22条の2）        │
┌─────────────────────┐ │　・口述権（24条）           │
│②二次的著作物に関する権利│ │　・展示権（25条）           │
│【作成に関する権利】   │ │【他人に直接渡す権利】        │
│　・翻案権（27条）    │ │　・頒布権（映画のみ）（26条）│
│【利用に関する権利】   │ │　・譲渡権（映画以外）（26条の2）│
│　・二次的著作物の利用に関す│ │　・貸与権（映画以外）（26条の3）│
│　る原著作者の権利（28条）│ │【機械を通じて見せる聞かせる権利】│
│                     │ │　・公衆送信権（23条）       │
└─────────────────────┘ └─────────────────────────────┘
```

【図 2 ：著作（財産）権】

　次に著作者人格権ですが、未公表の著作物を公表する権利である「公表権」、著作物の公衆への提供・提示の際に著作者名を表示する／しないを選択する権利である「氏名表示権」、改変をされない権利である「同一性保持権」という 3 つの権利の総称になります。プログラムの著作物で主に問題となるのは、氏名表示権と同一性保持権です。

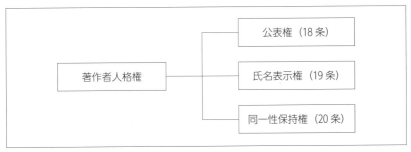

【図3：著作者人格権】

　ちなみに、著作権法では「利用」と「使用」は明確に区別して使われています。「利用」とは、著作財産権によって保護されている複製、翻案、公衆送信といった各行為のことをいいます。他方で、著作物を見たり、聞いたりすることは「使用」ですし、また、プログラムの著作物でいえばこれをパソコン上で実行して動かすことも「使用」になります。著作権法は、原則として「使用」行為は禁止していません。ただし、プログラムの著作物の著作権を侵害する行為によって作成された複製物をパソコン等の電子計算機で使用する行為は、その複製物を使用する権原を取得した時にそのことを知っていた場合には著作権侵害となります（著作権法113条5項）。

(2)　著作権の帰属

　著作権は、著作物を創作した人に帰属するのが原則です。例外の一つとして、会社の従業員が職務上作成する著作物については、一定の要件の下、その会社に著作権が帰属します。これを職務著作と言います。職務著作に該当するかどうかは、プログラムの著作物とそれ以外とで要件が異なりますが、プログラムの著作物についていえば、①会社の発意に基づき、②従業員が、③職務上作成したプログラムは、その会社に著作権が帰属しますので（著作権法15条2項）、ある会社がプログラム制作を受託して、その会社の従業員がプログラムを創作したとすれば、基本的にはその会社にプログラムの著作物の著作権が帰属すると考えて良いでしょう。

⑶　著作権の譲渡

　契約上、著作権の譲渡を規定をする際に、極めて基本的かつ重要な留意事項があります。その一つが、翻案権（著作権法 27 条）及び二次的著作物の利用に関する原著作者の権利（同法 28 条）は、これらの権利を譲渡することを契約において明記しない限り、譲渡していないものと推定されるということです。このことは著作権法 61 条 2 項に規定されています。

　この著作権法の規定は、あくまで「推定」であることから、その「推定」を覆すことは可能です。事例 2 のモデルとなった「振動制御プログラム事件」（東京地判平成 17 年 3 月 23 日判時 1894 号 134 頁、同控訴審の知財高判平成 18 年 8 月 31 日判時 2022 号 144 頁）では、結論として推定が覆り、これらの権利の譲渡が認められています。しかしながら、著作権法にそのような規定があることを理解せずに、単に「著作権は Y 社に帰属する」というような規定の契約書を締結してしまったがために、紛争に発展してしまったともいえます。また、この推定を覆すことは大変難しいため、著作権を全て譲渡する意図の場合には、同法 27 条及び 28 条に定める権利を含めて譲渡することを明記するのが大原則です。

⑷　著作者人格権

　著作権譲渡に関するもう一つの重要な留意事項は、著作者人格権は譲渡できないということです。自ら創作した作品を、別の人が創作したとして公表されたり、また、無断で改変されたりすると、その創作した人としては感情を傷つけられます。そのような著作者の感情を保護しようとしたのが著作者人格権であるために、著作権法 59 条で譲渡することができないとされています。

　そのため、著作権を譲り受けた場合でも、著作者人格権は未だ著作者に残っているために、著作者に無断で公表し、氏名を表示せず、又は、改変することは原則としてできないということになります。

(5) 著作権の共有

　システム開発委託契約の締結交渉においては、しばしば著作権の帰属をどちらにするかで意見が対立します。その結論が出ないという場合に、いわば玉虫色的に著作権を共有とするという解決を図る例が見られます。しかしながら、単に共有とするだけの合意をした場合には問題があります。

　著作権法 65 条 2 項には、「共有著作権は、その共有者全員の合意によらなければ、行使することができない。」と規定されており、ここにいう「行使」には、第三者への利用許諾だけではなく、共有者自らが利用することも含まれると解されています（この点は、後述する特許権の共有の場合と異なります。）。そのため、著作権の共有者は、他の共有者との合意がない限りは、著作物をコピーしたり、改変したり、譲渡したり、また、インターネットを通じて配信したりすることもできないということになります。

3　特許権に関する基礎知識

(1) 特許権等の帰属について

　プログラム開発の際に生じ得る知的財産権としては、著作権のほか、①特許権、②実用新案権、及び③意匠権となります。これらをまとめて「産業財産権」と呼びます。これらの産業財産権は、特許庁に対して出願し、登録がされることによって発生します。登録される以前は、それぞれ①特許を受ける権利、②実用新案登録を受ける権利、及び③意匠登録を受ける権利、と呼ばれます。

　これらの産業財産権は、それぞれ①「発明」をした者、②「考案」であって物品の形状、構造又は組合せに係るものをした者、及び③「意匠」の創作をした者、にそれぞれ帰属するとされていることから、原則として「発明」等をした従業員等の自然人に帰属します。他方で、職務発明、職務考案、職務意匠に該当する場合であって、職務発明規程等においてあらかじめ使用者たる法人に特許を受ける権利等を取得させることを定めたときには、使用者たる法人にこれらの権利が帰属することとなります。

　以下では、産業財産権を代表して特許権について説明します。

(2)　発明者とは

　このように特許権又は特許を受ける権利は、原則として、発明をした者（＝発明者）に帰属し、また、職務発明に該当する場合であって、あらかじめ使用者たる法人に特許を受ける権利を取得させる職務発明規程等がある場合には、発明者の使用者たる法人に帰属することになります。

　そのため、誰が特許権者又は特許を受ける権利を有する者かは、発明者が誰かということによることになります。一般的に発明者とは、発明の創作行為に現実に加担した者を指し、単なる補助者や後援者は発明者とはならないとされています。

　しかし、発明者が誰なのかを判断することは、実際には難しい事例も多いといえます。例えば、複数の会社が協議する中で発案された発明は、実際にはどの会社の従業員が発明したものなのか判断ができない場合もあります。さらに、発明者は一人とは限らず、共同発明者として複数の者が一つの発明の発明者となる場合があります。

(3)　発明者の判断を誤って出願した場合

　特許を受ける権利を有しない者が特許出願した場合は、いわゆる冒認出願となり、登録となった特許が無効となり得ます（特許法123条1項6号）。また、真の特許を受ける権利を有する者は、冒認出願をした者に対してその特許権の移転を請求することもできます（同法74条1項）。この場合、特許権は、初めから真の特許を受ける権利を有していた者に帰属していたものとみなされます（同条2項）。

　また、複数の者が共同で発明した場合であって、複数の者が特許を受ける権利を有している場合（特許を受ける権利が共有されている場合）は、共同で特許出願をしなければなりません（特許法38条）。この規定に違反して出願した場合も、登録となった特許が無効となり得ます（同法123条1項2号）。また、出願していない特許を受ける権利の共有者は、その特許権の共有持分の移転を請求することができ（同法74条1項）、その場合には、特許権は共有となります。

(4) 特許権の共有

　二人以上の人が発明をした場合は、特許を受ける権利を共有することとなり、その結果登録された特許権も共有となります。これは、職務発明として法人に特許を受ける権利や特許権が帰属する場合であっても、二以上の法人のそれぞれの役員や従業員が共同して発明したような場合には、それらの法人が特許を受ける権利を共有することになります。

　また、システム開発委託契約の締結交渉において、特許権の帰属をどちらにするかについて意見が対立したような場合は、とりあえず共有にするといった場合も実務上見受けられます。

　このように、特許権が共有となった場合は、法律上、以下のような規律となります。

　まず、共有者はそれぞれ、自ら特許発明を実施することができます（特許法73条2項）。この点は、前述の、自ら利用する場合も共有者の合意が必要とされている著作権の場合とは異なります。他方、第三者にライセンスするためには、他の共有者の同意が必要となります（同法73条3項）。したがって、契約上、特許権が共有になる可能性がある場合は、第三者へのライセンスの可否について、契約上定めておいた方が良いということもあります。

4　事例の解説

(1) 事例1について

　X社は、Y社に対してプログラムの開発を委託し、その対価の支払いもしていますが、プログラムを創作したのはY社の従業員で、かつ当該プログラムは職務著作といえますので、その著作権者はY社ということになります。そのため、その著作権を譲渡する旨の合意がない限り、X社にはプログラムの著作権が帰属しません。よって、そのような合意があることが立証されない限り、X社は、A社に対して著作権に基づく請求権は認められません。

(2)　事例2について

　この事例は、前述のとおり「振動制御プログラム事件」をモデルとした事例です。X社とY社との間の契約には「本契約に基づき開発されたプログラムの著作権はX社に帰属する」との条項はあるものの、翻案権（著作権法27条）及び二次的著作物の利用に関する原著作者の権利（同法28条）も譲渡することが明記されていません。そのため、これらの権利は、X社には譲渡されておらず、Y社に留保されていると推定されます。よって、この推定が覆されない限り、Y社はX社に対して翻案権侵害を主張することができます。実際の事件ではこの推定が覆されY社の請求は認められませんでしたが、あらかじめ契約書において対応していれば紛争自体も防ぐことができたともいえます。

(3)　事例3について

　Y社がX社と共有しているプログラムRを販売目的で複製して、販売していますが、Y社は、X社との合意がなければこのような利用はできません（著作権法65条2項）。よって、X社はY社に対し、プログラムRの複製・販売の差止を求めることができます。

(4)　事例4について

　新たな認証方式は、X社とY社の協議の中で発案されたものであるので、実際にはX社の従業員Aが発明したものなのか、Y社の従業員Bが発明したものなのかは、明確には判断ができない場合が多いといえます。さらに、発明者は一人とは限らず、共同発明者として複数の者が一つの発明の発明者となる場合がありますので、X社の従業員AとY社の従業員Bの共同発明の可能性もあります。

　新たな認証方式を発明した者がX社の従業員Aであった場合には、Y社による特許出願はいわゆる冒認出願となり、登録となった特許が無効となり得ますし（特許法123条1項6号）、また、X社が従業員Aから特許権を取得していれば、X社はY社に対して、その特許権の移転を請求することがで

きます（同法74条1項）。この場合、特許権は、初めからX社に帰属していたものとみなされることから（同条2項）、Y社がこの特許発明を実施するプログラムを製造していたとすれば特許権侵害となります。よって、X社の請求は認められることになります。

　新たな認証方式を発明した者がX社の従業員AとY社の従業員Bであった場合（共同発明であった場合）には、X社とY社がそれぞれの従業員から特許を受ける権利を取得していたとすれば、X社とY社がこの権利を共有していることになりますので、本来は共同で特許出願をしなければなりません（特許法38条）。この規定に違反して出願した場合も、登録となった特許が無効となり得ます（同法123条1項2号）。また、X社は、Y社に対して、その特許権の共有持分の移転を請求することができます（同法74条1項）。特許権を共有する場合には、共有者が自ら特許発明を実施することはできますが、他の共有者の同意なく第三者にライセンスすることはできません。そのため、X社のY社に対する製造等の差止めは認められませんが、仮にY社が第三者に特許発明をライセンスし、第三者が特許発明を実施している場合には、当該第三者が特許権侵害をしているということになります。

 契約書における留意点

1　著作権に関する条項

(1)　著作権の帰属に関する条項

　著作権の帰属に関する条項を定めるに当たっては、ベンダからユーザに対して譲渡する著作権の対象たる著作物と、ベンダに留保される著作権の対象たる著作物を特定する必要があります。そして、ベンダに留保される著作権の対象たる著作物については、別途ベンダからユーザに対してその著作物の利用許諾を規定しておく必要があります。

　ユーザがベンダから著作権を譲り受けたとしても、ベンダがその著作権を第三者に譲渡したり（いわゆる二重譲渡）、あるいはベンダが破産した場合には、ユーザが当該第三者や破産管財人に対して自らが著作権者であることを

対抗するためには、著作権の譲渡登録をする必要があります。著作権の譲渡登録は、原則として譲渡人であるベンダの協力が必要となりますので、第三者への二重譲渡や倒産時のリスクを回避したいということであれば、著作権の譲渡登録に関する規定を入れておく必要があります。

　なお、令和 2 年の著作権法改正によって、著作権のライセンス（利用許諾）については、当然対抗制度が導入されました（著作権法 63 条の 2）。これにより、ユーザがベンダから利用許諾を受けた後に、ベンダがその著作権を第三者に譲渡したり、あるいはベンダが破産した場合でも、利用許諾を得ていればそのまま著作物を利用することができるようになりました。ユーザが再利用許諾権付きで利用許諾を得て、その後ベンダが第三者に著作権を譲渡し、さらにその後にユーザが別の第三者に再利用許諾することが許されるかについては疑義がありますが、著作権の譲渡登録をする代わりに、著作権をベンダに留保したまま、利用許諾のみを受けるというのも選択肢の一つとして検討すべきであるといえます。

　次に、ユーザとしては、納入物に係るシステムの保守や改変を自ら又はベンダ以外の第三者に委託したいと考える場合もあります。その目的のために著作権を譲り受けていても、プログラムのソースコードを譲り受けていないと絵に描いた餅になります。裁判例では、ソースコードの引き渡しを求める権利は認められないとするものもあります（大阪地判平成 26 年 6 月 12 日裁判所ウェブサイト）。そのため、そのような目的のために、納品物にソースコードを明記するなどの対応が求められます。

　なお、ユーザは、自らの営業秘密を保護するため、又は、競合他社に同様のシステムを利用させたくないがために、著作権を譲り受けたいと考える場合があります。しかしながら、著作権を譲り受けたことでベンダが利用できなくなるのはプログラムの著作物でいえばソースコード部分だけであり、その営業秘密を利用して新たにソースコードを記述すれば著作権を侵害することにはなりません。そのため、著作権を譲り受けたことだけで営業秘密を保護するというのは十分ではありません。そのような目的の実現のためには、むしろ、十分な秘密保持条項を設けるべきでしょう。

(2)　著作権の共有の場合の条項

　納入物の著作権をベンダとユーザとの間で共有する場合には、先にも解説したとおり、他の共有者との合意がない限りは、著作物をコピーしたり、改変したり、譲渡したり、また、インターネットを通じて配信したりすることもできないことになります。そこで、これらの利用に関してあらかじめ合意をする条項を入れることが必要となります。

　なお、著作権法65条3項には、正当な理由がない限り、合意の成立を妨げることができないと規定されています。ただ、正当な理由の有無は事案によりますし、また、相手が拒んだ場合には別途訴訟で決着をつけなければならなくなります。そのため、そのような紛争を予防するためには、あらかじめ共有者の利用等に関する合意をしておく必要があるのです。

2　著作権を除く特許権等の知的財産権等に関する条項

(1)　知的財産権等の帰属及び実施許諾に関する条項

　先にも述べたとおり、プログラム開発の際に生じ得る知的財産権としては、著作権のほか、①特許権、②実用新案権、及び③意匠権といった産業財産権があります。産業財産権の特徴としては、特許庁に対して出願し、登録がされることによって発生する点で、登録される以前は、図4のとおり、特許を受ける権利等といわれ、これらの権利も譲渡することが可能です。

　また、公に知られていない技術上の情報については、登録をせずとも不正競争防止法上の営業秘密として保護されることがあります。不正競争防止法により営業秘密として保護される情報以外の情報も含めて「ノウハウ」とし、このノウハウについて権利帰属や使用許諾を定めることがあります。これらをまとめて、本項では「知的財産権等」といいます。

産業財産権	権利の種類	
	登録前	登録後
	特許を受ける権利	特許権
	実用新案登録を受ける権利	実用新案権
	意匠登録を受ける権利	意匠権
ノウハウ	営業秘密その他の非公知の情報	

【図 4 ：著作権以外の知的財産権等】

　知的財産権等の帰属や実施許諾に関する条項を定めるに当たっては、ベンダからユーザに対して譲渡する知的財産権等と、ベンダに留保され、ユーザに実施や使用を許諾する知的財産権等を特定する必要があります。

　知的財産権等については、①開発業務の遂行の過程でベンダ及び／又はユーザに生じる知的財産権等と、②開発業務開始以前からベンダが保有しているなど開発業務とは無関係にベンダが保有している知的財産権等に大きく分けられます。なお、開発業務とは無関係にユーザが保有している知的財産権等も問題にはなり得ますが、このような知的財産権等について帰属や実施許諾を定めることは共同開発ではない限りはまれであるといえます。また、開発業務とは無関係にベンダが保有している知的財産権等をユーザに帰属させることもまれであり、むしろ実施許諾の範囲を定めることとなります。

	当初帰属	
	ベンダ	ユーザ
開発業務の過程で生じた知的財産権等	ユーザに譲渡するか、実施許諾するか。 ユーザと共有とするか。	ベンダに譲渡するか、実施許諾するか。 ベンダと共有とするか。
開発業務とは無関係に保有する知的財産権等	ユーザに対する実施許諾の範囲をどうするか。	（規定しない。）

【図 5 ：知的財産権等の帰属と実施許諾】

(2)　知的財産権等の共有に関する条項

　著作権以外の知的財産権の帰属についても、しばしばベンダとユーザとの共有とすることがあります。また、著作権以外の知的財産権等については、

それぞれ発明等をした従業員が属する法人に帰属することを確認する規定を設けることがありますが、ベンダとユーザのそれぞれの従業員が共同して発明等をすると、その発明等に係る知的財産権は共有となります。

　著作権以外の知的財産権の共有に関しては、留意しなければならないことが大きく二つあります。一つ目は、先ほど述べたとおり、特許権、実用新案権及び意匠権の共有者は、自ら発明、考案、意匠を実施することができますが、第三者に実施許諾をしたり、また、共有持分を譲渡するためには他の共有者の同意が必要ということです。二つ目は、特許権、実用新案権及び意匠権を取得するためには特許庁に対する出願が必要ですが、その手続は共有者が共同で行わなければならず、また、これらの手続や特許を維持するために費用がかかるということです。

　次に、ノウハウについて共有とする場合には、共有とすることによってどのような権利が認められるのか、また、どのような制限があるのかについては、契約で定めない限りは明確ではないという問題があります。これは不正競争防止法上の営業秘密に該当する場合でも、同法には共有に関する規定はなく、また、これに当たらないような場合にはそもそも法律上の権利ではないために、「共有」とする意味がはっきりしないためです。

(3)　出願前の手続に関する条項等

　特許、実用新案及び意匠の出願をすると、その内容は一般に公開されます。その中には、ベンダやユーザとしてはノウハウとして秘匿しておきたい内容も含まれることがあります。

　また、著作権以外の知的財産権等について、それぞれ発明等をした従業員が属する法人に帰属することを確認する規定を設けている場合には、ベンダ又はユーザが、相手方の従業員が発明等をしたにもかかわらず、自らの従業員が発明等をしたとして、無断で出願してしまう場合があります。これはベンダとユーザのそれぞれの従業員が共同して発明等をした場合にも同様の問題が生じます。そのような場合に事例4のような紛争が生じることになります。

　これらの問題が生じることをあらかじめ防ぐために、プログラム開発の過

程で生じた発明、考案及び意匠について出願する場合に、あらかじめ相手方の同意を得ることを規定することがあります。また、同意まで求めずとも事前に通知して協議をすることを定めることもあります。

 条項例

1　著作権の帰属

(1)　条項例（甲：ユーザ　乙：ベンダ）

第○条（納入物の著作権）

1．納入物に関する著作権（著作権法第 27 条及び第 28 条の権利を含む。以下同じ。）は、乙が本件業務開始以前から保有していた著作権、第三者が保有する著作権及び汎用的な利用が可能なプログラムの著作権を除き、甲より乙へ当該個別契約に係る委託料が完済された時に、乙から甲へ移転する。

2．乙は、納入物の利用について、甲又は甲の指定する第三者に対して著作者人格権を行使しないものとする。

3．甲は、第 1 項に基づき乙に留保された著作権の対象たる著作物を、納入物を使用する目的のために、複製又は翻案することができるものとし、乙は、当該著作物の存続期間満了まで、当該利用を許諾する。また、当該著作物に第三者の著作物が含まれる場合、その使用及び利用のために必要な権利処理を行うものとする。

4．本条の著作権譲渡及び著作物の利用許諾等の対価は、委託料に含まれるものとする。

---

(2)　解説

ア　著作権の譲渡（1 項）

　著作権の譲渡に関する規定については、まず、翻案権及び二次的著作物の利用に関する原著作者の権利も含めて譲渡をするのであれば、その旨を明記

する必要があります。翻案権は著作権法27条に、二次的著作物の利用に関する原著作者の権利は28条にそれぞれ規定されていることから、一般的には、「著作権（著作権法第27条及び第28条の権利を含む。以下同じ。）」を譲渡するとしておきます。

　次に、ベンダからユーザに対して譲渡する著作権の対象たる著作物と、ベンダに留保される著作権の対象たる著作物を特定することが必要となります。システム開発の成果物として創作される著作物は、プログラムの著作物だけではなく、設計書、仕様書等のドキュメントも存在します。そのため、まずユーザにおいて著作権を譲り受けたい著作物を「納入物」として特定するのであれば、この「納入物」がどれに当たるのかが明確に定義されている必要があります。定義の方法としては、契約条項中に「納入物」の定義を置いたり、さらに具体的な内容は個別契約でその明細を定めることとするといった方法があります。納入物としては、検収の対象となる成果物のみならず、開発業務の過程でベンダによって創作され、又は、ユーザに提供される各種のドキュメントやプログラムなども存在します。これらの著作物の著作権も譲渡する場合には、契約条項の「納入物」の部分に、「本件業務の遂行の過程で創作された著作物」や「本件業務の遂行の過程でベンダに提供された著作物」という文言を追加することになります。

　ベンダに留保される著作権としては、受託した開発業務と関係なく従前からベンダが保有している著作権や、新規に創作したプログラム等であっても今後別の開発業務にも利用できる汎用性のあるルーチンやモジュールなどに係る著作権があります。さらに、納入物に、第三者に帰属する著作物が含まれている場合には、その著作物に係る著作権は譲渡の対象とならないことも明記する必要があります。そうでないと、ベンダは、第三者から当該著作権を譲り受けて、これをユーザに譲渡しなければならなくなります。

　図6のように、納入物には、第三者の著作物のほか、ベンダ既存の著作物、また、汎用性のある著作物が含まれており、納入物に著作権を譲渡する場合には、これらのうち、どの範囲まで留保するかは交渉事になります。いずれにしても、ベンダに留保する著作権の対象が正しいかを確認する必要が

あります。

　なお、著作権の移転登録に関する規定を入れることも検討すべきであり、この場合、例えば「ベンダは、ユーザの請求があった後直ちに、第1項に基づきベンダからユーザに対して譲渡される著作権の移転登録申請を行うものとする。著作権の移転登録に要する費用はユーザの負担とする。」というような条項を入れることとなります。

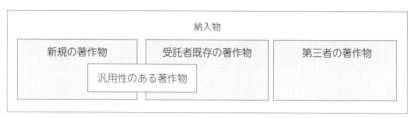

【図6：納入物の構成】

イ　著作者人格権の不行使（2項）

　著作者人格権は譲渡できないことから、著作者人格権の不行使特約を入れることでこれに対処します。ユーザは納入物を第三者に利用させることもありますので、著作者人格権の不行使特約においては、ユーザのみならず、第三者に対しても行使しない旨を規定するのが望ましいといえます。

ウ　著作物の利用許諾（3項）

　1項でベンダに著作権が留保された著作物については、別途、ベンダからユーザに対して著作物の利用許諾をする必要があります。また、システム開発委託契約においては、納入物に係る著作権のすべてをベンダに留保する場合もあり、そのような場合も同様になります。

　仮にそのような条項がない場合でも、著作権法上は、プログラムの著作物の複製物の所有者であれば、自らプログラムを電子計算機において実行するために必要と認められる限度で、複製と翻案が可能となります（著作権法47条の3及び47条の6）。

しかしながら、リースを受けているサーバやクラウドサーバにプログラムを記録しているに過ぎないとすれば、ベンダはプログラムの著作物の複製物の「所有者」ではないため、同条の適用を受けません。また、自らプログラムを使用する目的に限られることから、第三者に使用させる目的では複製・翻案はできません。また、許される利用態様は複製と翻案に限られてしまいます。特に、プログラムを第三者に販売する場合や、自社のみならずグループ会社での使用や利用も視野に入れている場合には、著作権法47条の3等の規定ではカバーできないこととなります。

そのため、1項でベンダに著作権が留保された著作物については、現在又は将来予定されている利用態様に応じて、どの範囲まで許諾を得ておく必要があるかを検討する必要があります。また、第三者への再利用許諾を予定している場合には、許諾の対象について再利用許諾を含めておく必要があります。ユーザにとって最も広く許諾を得る場合は、例えば、3項の「複製又は翻案」を、「複製、翻案、公衆送信、その他あらゆる利用（第三者に対する再利用許諾権を含む。）を」と規定することが考えられます。

また、第三者への販売や、納入物を翻案して当初と異なる機能や目的をもったプログラムを開発することを想定する場合には、その利用目的部分（「納入物を使用する目的」）を削除して目的による限定をなくすか、又は、想定される目的に沿った内容に変更する必要があります。

なお、1項でユーザに著作権が帰属する著作物について、ユーザからベンダに対して利用許諾をする場合もありますが、この場合にも同様の確認が必要となります。

エ　譲渡等の対価の定め（4項）

著作権の譲渡に関する規定では、しばしばその対価を無償としている例が見受けられます。しかしながら、著作権の無償譲渡は、独占禁止法上の問題を生じる場合があります。詳しくは、公正取引委員会の「役務の委託取引における優越的地位の濫用に関する独占禁止法上の指針」及び「知的財産の利用に関する独占禁止法上の指針」に記載されていますが、いずれにしても、

システム開発委託契約を締結するに当たっては、その対価の見積もりの際に、見積もりの前提条件として、いかなる範囲で著作権の譲渡をし、いかなる範囲で著作物の利用許諾をするのかを明確にし、契約としても、その譲渡や許諾の対価に関する条項を入れることが望ましいといえます。

2　著作権の共有

(1)　条項例（甲：ユーザ　乙：ベンダ）

第●条（納入物の著作権）

1．乙は、甲に対して、個別契約に定める委託料が支払われた時に、納入物に関する著作権（著作権法第27条及び第28条の権利を含む。）の50％持分を譲渡し、当該著作権は乙の持分50％、甲の持分50％の共有とする。

2．甲及び乙は、相手方が、納入物を無償で利用することに合意する。この利用には、納入物又はその二次的著作物の利用を第三者に許諾する場合を含むものとする。

3．乙は、納入物の利用について、甲又は甲の指定する第三者に対して著作者人格権を行使しないものとする。

4．乙から甲に対する第1項の持分権の譲渡の対価は、委託料に含まれるものとする。

5．甲又は乙が自己の持分を第三者に譲渡する場合は、他方の当事者の同意を得るものとする。

---

(2)　解説

　条項例では2項で、ユーザ及びベンダともに双方とも無償で利用ができるようにし、これには第三者に対する再利用許諾も含むものとしています。なお、利用に関する合意では、自ら利用したり、又は、第三者に利用許諾する場合に、それによって生じる利益から一定割合で、他の共有者に分配するというような規定を入れる場合もあります。

3　著作権以外の知的財産権等をユーザに帰属させる場合

(1)　条項例（甲：ユーザ　乙：ベンダ）

第●条（納入物の特許権等）

１．特許権、実用新案権及び意匠権（特許、実用新案登録及び意匠登録を受ける権利を含む。以下総称して「知的財産権」という。）及びノウハウに関する権利（以下、知的財産権と併せて「知的財産権等」という。）のうち、本件業務の過程で生じた発明、考案、意匠及びノウハウ（以下総称して「発明等」という。）に係る知的財産権等は、個別契約に定める委託料が支払われた時に、すべて甲に帰属するものとし、乙から甲に対して譲渡されるものとする。

２．乙は、甲に対して、乙が保有し又は取得する知的財産権等について、甲が納入物を使用するために必要な範囲で、その実施及び使用を許諾する。

３．甲は、乙に対して、第１項に基づき甲に帰属した知的財産権等について、無償で、その実施及び使用（第三者に対する再実施及び再使用許諾権を含む。）を許諾する。

４．本条の知的財産権等の譲渡及び許諾の対価は、委託料に含まれるものとする。

---

(2)　解説

ア　特許権等の譲渡（1項）

　開発業務の過程で生じた知的財産権等についてすべてユーザに帰属する場合の条項例です。

　先にも説明したとおり、知的財産権は、原則としてその発明をした従業員等の自然人に帰属するために、これを譲渡するためには、ベンダは、従業員等から知的財産権を譲り受けるか、原始的に帰属するための職務発明規程等を制定しておく必要があり、そのことを確認的に規定しておくことも考えられます。

イ　特許権等の実施等許諾（2項）

　開発業務開始以前からベンダが保有しているなど、開発業務とは無関係に
ベンダが保有し、又は取得した知的財産権等を、ユーザに対して実施及び使
用許諾する規定です。許諾の範囲については、ユーザが納入物を使用するた
めに必要な範囲としていますが、それ以外でも使用することを想定している
場合には、その範囲を明確に規定する必要があります。また、納入物の使用
範囲について、関連会社や顧客を想定している場合には、第三者に対する再
実施及び再使用許諾権を含めて、許諾を得ておく必要がありますので、「そ
の実施及び使用を許諾」の部分を「その実施及び使用（第三者に対する再実施
及び再使用許諾権を含む。）を許諾」などと修正する必要があります。

　なお、開発業務の過程で生じた知的財産権等について、その全部又は一部
がベンダに帰属するという場合にも同様の規定が必要となります。

ウ　ベンダに対する実施等許諾（3項）

　開発業務の過程で生じた知的財産権等については、ユーザからベンダに対
してその実施及び使用の許諾をする場合があります。これは、ベンダが他の
プログラム開発において知的財産権等を実施する必要がある場合があり、ま
た、その場合にはその顧客たる他のユーザに対して再実施・再使用許諾をす
ることになるためです。係る規定を設ける場合には、ノウハウまで使用許諾
すると、ユーザのノウハウが競合他社に流出するおそれもありますので、例
えば、「第1項に基づきベンダに帰属した知的財産権」として、ノウハウに
係る権利を除いておく必要があります。

**4　著作権以外の知的財産権等をベンダ及びユーザそれぞれに帰属させる場
　合**

(1)　条項例（甲：ユーザ　乙：ベンダ）

第●条（納入物の特許権等）

1．特許権、実用新案権及び意匠権（特許、実用新案登録及び意匠登録

を受ける権利を含む。以下総称して「知的財産権」という。）及びノウハウに関する権利（以下、知的財産権と併せて「知的財産権等」という。）のうち、本件業務の過程で生じた発明、考案、意匠及びノウハウ（以下総称して「発明等」という。）に係る知的財産権等は、当該発明等を行った者が属する当事者に帰属するものとする。

2．乙は、甲に対して、乙が保有し又は取得する知的財産権等（第1項に基づき乙に帰属するものを含むがこれに限られない。）について、甲が納入物を使用するために必要な範囲で、その実施及び使用を許諾する。

3．甲は、乙に対して、第1項に基づき甲に帰属した知的財産権等について、無償で、その実施及び使用（第三者に対する再実施及び再使用許諾権を含む。）を許諾する。

4．甲及び乙は、知的財産権等が共有となる場合、当該知的財産権等を、相手方が無償で実施及び使用することに同意する。この実施及び使用には、第三者に対する実施及び使用許諾を含むものとする。また、この場合、甲及び乙は、その出願手続の実施者及び費用負担等を定めた共同出願契約を締結するものとする。

5．第1項に基づき甲又は乙に帰属した知的財産権について出願手続を行う場合、甲又は乙は、相手方に対して事前に書面により通知をするものとする。また、当該出願手続において提出する書類に相手方の機密情報が含まれないようにしなければならないものとする。

(2)　解説

ア　知的財産権等の帰属（1項）

　開発業務の過程で生じた知的財産権等について、発明等をした従業員が属する当事者（法人）にそれぞれ帰属することとしています。

イ　知的財産権等の実施等許諾（2項、3項）

　ベンダ及びユーザが、相手方に対してそれぞれ知的財産権等を許諾する必

要があるのは、3(2)イウの場合と同様です。

ウ　共有の場合（4項）

　発明等をした従業員が属する当事者に知的財産権等をそれぞれ帰属させる場合には、知的財産権等が共有となる場合があります。その場合のその実施及び実施許諾や出願手続に関して規定しておく必要があります。出願手続については、別途共同出願契約を締結することとしていますが、特許出願等が具体的に想定される場合には、あらかじめその手続を実施する者や費用の負担についてより詳細な規定を設けることが望ましいといえます。

エ　出願手続の事前通知（5項）

　知的財産権等の帰属や、冒認出願、共同出願違反ということが出願後に争いとならないよう、出願手続の事前に通知をすることを規定しています。

5　著作権以外の知的財産権の共有

(1)　条項例（甲：ユーザ　乙：ベンダ）

第●条（納入物の特許権等）

1．特許権、実用新案権及び意匠権（特許、実用新案登録及び意匠登録を受ける権利を含む。以下総称して「知的財産権」という。）及びノウハウに関する権利（以下、知的財産権と併せて「知的財産権等」という。）のうち、本件業務の過程で生じた発明、考案、意匠及びノウハウ（以下総称して「発明等」という。）に係る知的財産権等は、すべて甲と乙の共有とする。当該知的財産権等の共有持分は甲50％、乙50％とする。

2．甲及び乙は、相手方が、知的財産権を無償で実施することに同意する。この実施及び使用には、第三者に対する実施及び使用許諾を含むものとする。

3．甲及び乙は、相手方が、ノウハウに関する権利を無償で使用するこ

> とを認める。但し、ノウハウについては、第●条の相手方の「秘密情
> 報」として取り扱うものとし、第三者に対して使用許諾、開示、又は
> 漏洩しないものとする。
> 4．甲及び乙は、発明等に関して出願をする場合、その出願手続の実施
> 　者及び費用負担等を定めた共同出願契約を締結するものとする。

(2)　解説

ア　知的財産権等の共有（1項）

　開発業務の過程で生じた知的財産権等についてユーザとベンダの共有とすることを定めています。

イ　知的財産権等の実施等の許諾（2項）

　特許権、実用新案権及び意匠権について、自ら実施すること及び第三者に対して再実施許諾ができることについて、あらかじめ同意を得ておく規定です。共有持分の譲渡についてもあらかじめ同意を得ておくことも考えられます。

ウ　ノウハウの使用許諾（3項）

　ノウハウに関する権利について、許される範囲と制限される範囲について規定しています。この条項例では自ら使用することができますが、第三者に対して使用許諾等をすることができないとしています。

エ　出願手続に関する規定（4項）

　4項は、出願手続に関する規定で、特許出願等が具体的に想定される場合には、あらかじめその手続を実施する者や費用の負担についてより詳細な規定を設けることが望ましいことは、4(2)ウで述べたとおりです。

6　秘密保持義務

(1)　条項例（甲：ユーザ　乙：ベンダ）

第●条（秘密保持）

1．本条において「秘密情報」とは、本件業務の遂行の過程で乙及び甲が相互に開示し、又は自ら知り得た相手方の営業上、技術上、経営上及び業務上の情報、その他一切の有用な情報のうち、相手方が書面により秘密である旨指定して開示した情報、又は口頭により秘密である旨を示して開示した情報で開示後7日以内に書面により内容を特定した情報をいう。ただし、以下の各号のいずれかに該当する場合には、秘密情報として取り扱われないものとする。また、第●条に基づき甲に著作権が帰属する著作物及び第●条に基づき甲に帰属する知的財産権等に係る発明等については、甲の秘密情報とみなすものとする。

(1)相手方より開示を受けた時点で既に公知の情報

(2)相手方より開示を受けた時点で既に知得していた情報

(3)正当な権利を有する第三者から秘密保持の義務を負うことなく合法的に入手した情報

(4)相手方より開示を受けた後に、自己の責めによらず公知となった情報

(5)相手方の秘密情報を利用することなく独自に取得した情報

2．甲及び乙は、相手方の秘密情報を現に秘密として保持し、相手方の事前の書面による承諾なくして、第三者に開示しないものとする。

3．甲及び乙は、本件業務の遂行その他本契約及び個別契約の目的の範囲でのみ秘密情報を使用するものとし、他の目的には一切使用しないものとする。

4．第2項の規定にかかわらず、甲及び乙は、法令又は証券取引所の規則に基づきその開示が要求された秘密情報については、必要な範囲で開示することができるものとする。但し、可能な限りにおいて当該情報の提供を行う前に、相手方に対して書面により通知をし、異議申立ての機会を与えるものとする。

5．甲及び乙は、本件業務が終了した場合、又は、甲若しくは乙より相手方に対し請求があった場合には、相手方の指示に従い、開示された秘密情報（複製・改変したものを含む。）の全部又は一部及びその写しを、速やかに返還、廃棄又は記録媒体から抹消するものとする。

6．甲又は乙は、相手方が本条に違反して秘密情報を使用若しくは利用し、又は第三者に対して開示、提供した場合、若しくはそのおそれがある場合、当該相手方の行為の差止を請求することができる。また、この場合、本条に違反する行為を組成したもの（本条に違反する行為により生じたものを含む。）の廃棄、本条に違反する行為に供した設備の除却その他の本条違反の予防に必要な行為を請求することができる。

7．本条の規定は、本契約終了後、●年間存続するものとする。

(2) 解説

　著作権や特許権等の知的財産権の帰属の規定のほかに、秘密保持条項を明確に定めることも、自らの知的財産（特にノウハウ）を保護するためには有用です。

　1項は、「秘密情報」の定義を定めており、ユーザに帰属した著作物や発明等については、ユーザの秘密情報とみなすとしています。

　また、6項では、本条違反行為の差止等を請求する権利を規定することで、より実効的な秘密情報の保護を可能としています。

第10章　不可抗力

 事例

事例1

> 　未知の感染症の拡大に伴い、日本政府から緊急事態宣言が発令され、システム開発会社であるＹ社（ベンダ）は、感染拡大の防止のため、発注元であるＸ社（ユーザ）の社屋においてシステム開発の業務（請負形態）を提供していたＹの社員を自宅勤務に切り替えた。その結果、納期にシステムを納品することができなかった。ＸはＹに対して、履行遅滞を理由として契約の解除をし、更に損害賠償請求をした。

事例2

> 　システム開発会社であるＹ社（ベンダ）は、Ｘ社（ユーザ）から受注したシステム開発の全工程を完了し、あとはＸに対して納品し、Ｘによる検収を受けるのみとなった。しかし、納品日前日の大型地震の影響で、Ｘから納品を遅らせるよう要請があった。その結果、Ｙは、社内人員の待機費用や下請に対する待機費用が生じたため、これらの費用をＸに請求した。

事例3

> 　未知の感染症の拡大に伴い、日本政府から緊急事態宣言が発令されたことから、発注元であるＸ社（ユーザ）は、発注先であるシステム開発

会社のY社（ベンダ）に対して、現在委託しているシステム開発の業務を中断するよう要請した。Yは、業務の中断期間の対価をXに請求した。

事例4

システム開発会社であるY社（ベンダ）がX社（ユーザ）より受注していたシステム開発業務が、大規模地震で中断していたところ、2か月遅れで再開することとなった。結果として納期が2か月延伸となり、Yは延伸分の費用をその下請であるZより請求をされた。そこで、Yは、その費用を更にXに対して請求した。

事例5

システム開発会社であるY社（ベンダ）は、システム開発に必要な機器を海外法人A社から調達する予定であったが、未知の感染症の拡大に伴いAの工場が停止し、納期までに調達が間に合わなかった。そこで、Yは、他社から機器を購入することとし、その結果、購入代金が増加した。そこでYは、その増加した分の購入代金を発注元であるX社（ユーザ）に対して請求した。

争点解説

1　不可抗力を巡る法的な論点

2011年3月11日に発生した東日本大震災や、2019年に発生した新型コロナウイルス感染症の世界的拡大の際に、これらの事象を原因として契約の履行不能や履行遅滞の問題が生じました。これらはいわゆる「不可抗力」の問題として捉えられ、契約上の責任が免責されるのかという観点から論じられることが多いといえます。

　しかし、このような震災や感染症の拡大といった事象が発生した場合には、履行遅滞等の責任の有無ということだけではなく、このような事象の発生に伴って生じる費用を誰が負担するかということが問題となります。特に新型コロナウイルス感染症の拡大やこれに伴う緊急事態宣言によって、システム開発の遅延が生じた場合には、事例 2 以下に示したような費用の負担が問題となりました。

　以下ではまず、不可抗力による責任の有無はどのように判断されるのかを解説した上で、システム開発において不可抗力と考えられる事象によって生じる費用の負担に関して解説をしていきます。

2　不可抗力と責任の所在

　不可抗力によって履行遅滞が生じた場合にまず問題となるのは、損害賠償と解除の可否です。

(1)　不可抗力とは

　不可抗力とは、一般的には天災や戦争など当事者によってどうすることもできない事象のことを指しますが、法律解釈として免責することになる「不可抗力」とは何を意味するかについては議論があります。ここでは基本的には過失がないことと同義、すなわち予見可能性と結果回避可能性がない場合であると理解して話を進めます。このように理解しますと、契約において不可抗力の場合には免責すると規定していたとしても、それは過失がない場合には損害賠償責任がないという当たり前のことを規定しているに過ぎないということがいえます。

(2)　損害賠償リスク

　不可抗力のこのような解釈に基づいたとして、どのような場合に不可抗力によって損害賠償責任が免責されるのかですが、単に天災や感染症の蔓延という事象が生じたというだけでは免責とはなりません。そのような天災や感染症の蔓延が予見できなかったとしても、結果が回避できたかどうかという

ことが問題となり得ます。結果が回避できたかどうかは、具体的事案に即して判断せざるを得ないため、一般的な基準というものはなく、事情を総合的に考慮して判断する必要があります。

　他方で、費用や労力を多大にかければ履行遅滞は避けられる場合であっても、そのような手段を講じてまで履行が可能であるからといって責任があるという判断にもならないものと考えられます。民法415条では、「その債務の不履行が契約その他の債務の発生原因及び取引上の社会通念に照らして債務者の責めに帰することができない事由によるものであるとき」には、損害賠償の責任を負わないとされていますので、「取引上の社会通念」、つまりはその取引における常識に照らして結果回避に必要な手段を講じることができたかどうかという観点から、責任の有無を判断することになります。例えば震災や感染症のケースでいえば、緊急事態宣言その他の政府からの要請の内容やその法的拘束力の有無、社会情勢その他政府の要請に応じることが社会一般として求められているか、代替措置の有無やそれを講じるための費用や期間の程度を加味して、責任の有無が判断されることになると考えられます。

　なお、金銭支払債務の履行遅滞は、法定利率（現在は年3％）を遅延損害金として支払う必要があり、債務者は、それが不可抗力によるものであっても免れることができないとされています（民法419条1項・3項）。

(3)　解除リスク

　民法では、債務者に帰責事由がなくとも契約を解除できるとされています。民法541条では、「当事者の一方がその債務を履行しない場合において、相手方が相当の期間を定めてその履行の催告をし、その期間内に履行がないときは、相手方は、契約の解除をすることができる。ただし、その期間を経過した時における債務の不履行がその契約及び取引上の社会通念に照らして軽微であるときは、この限りでない。」とされ、催告後相当の期間内に履行ができないと、その債務不履行が「軽微」とされない限りは、解除ができることとなります。

　不可抗力によって履行遅滞が生じた場合であっても、このように帰責事由

の有無にかかわらず契約の解除は可能ですが、システム開発契約において一般的な形態である請負契約においては、このような契約途中の解除は、民法634条2号の「請負が仕事の完成前に解除されたとき」に該当します。そして、同条は「請負人が既にした仕事の結果のうち可分な部分の給付によって注文者が利益を受けるときは、その部分を仕事の完成とみなす。この場合において、請負人は、注文者が受ける利益の割合に応じて報酬を請求することができる」と定めていますので、請負人（ベンダ）が報酬を請求できるかどうか（注文者（ユーザ）側からすれば報酬を支払わねばならないかどうか）は、この規定が適用されるのかどうかの問題となります。

　なお、システム開発契約が準委任の場合には、このような契約途中の解除が、「委任者（注：発注者）の責めに帰することができない事由によって委任事務の履行をすることができなくなったとき。」（民法648条3項1号）又は「委任が履行の中途で終了したとき。」（同項2号）のいずれかに該当する場合は、「履行の割合に応じて報酬を請求することができる」（同項柱書き）ため、これらに該当するかどうかという問題が生じます。

3　不可抗力と費用負担の問題

(1)　問題の所在

　不可抗力によって開発に影響が生じた場合、ベンダ側の費用の負担が増加する場合が想定されます。そのような典型的なパターンとしては、開発は完了しているが不可抗力によってユーザ側の受領が遅れてベンダ側の費用が増加してしまう場合、及び開発途中に不可抗力によって開発が中断したためにベンダ側の費用が増加してしまう場合が考えられます。以下では、これらのケースについてそれぞれ解説します。

(2)　受領遅滞と費用負担の問題

　不可抗力によってユーザ側が納品を受けることができず、納品が遅れてしまうような場合は、いわゆる「受領遅滞」の問題です。

　この場合に適用の検討できる民法の規定としては413条2項があります。

この規定は、「債権者が債務の履行を受けることを拒み、又は受けることができないことによって、その履行の費用が増加したときは、その増加額は、債権者の負担とする。」というものです。この責任については債権者側（システム開発契約でいえば発注者側）に帰責性は不要とされていますので、不可抗力による場合であっても適用がある、すなわち不可抗力によって受領遅滞に陥ったとしても発注者側は増加したベンダ側の費用を負担しなければならないことになります。

　ただ、ここでいう「費用」にどのようなものが含まれるかは解釈の余地があり、一般的には、保管費用等の実費であるとされていますので、ベンダ側が主張する費用が全てベンダの希望どおりに請求できるわけではないこともあり得ます。

　なお、民法では、「弁済の費用について別段の意思表示がないときは、その費用は、債務者の負担とする。ただし、債権者が住所の移転その他の行為によって弁済の費用を増加させたときは、その増加額は、債権者の負担とする。」（485条）と規定されており、システム開発契約における納品はここでいう弁済に該当しますので、受領遅滞によるベンダ側の費用の増加については、この規定の適用も問題となり得ます。ただ、適用があるとしても、ここでユーザ側が負担しなければならないとされる「費用」にどこまでが含まれるかについては、民法413条2項と同様に問題となります。

　また、受領遅滞が生じた場合、これに基づく損害賠償請求も可能とは考えられますが、この場合には受領遅滞をしている側（すなわち発注者側）の帰責性が要求されますので、受領遅滞の原因が不可抗力である場合は、損害賠償請求が認められない場合もあります。

　以上のとおり考えると、ユーザ側に帰責事由のない納期延伸の要請によって生じるベンダの費用の負担を、ベンダがユーザに求めることができるかについては、できる可能性はあるとしても、求めることができる費用の範囲についてはある程度限定的とならざるを得ないと解されます。

(3)　開発の中断と費用負担の問題

　不可抗力を理由としてシステム開発が中断した場合、典型的に想定される費用負担の問題としては、ベンダがユーザに対し、中断期間中の報酬・費用を請求することが可能なのかという問題と、中断に伴い開発期間が延伸となった場合の延伸分の報酬・費用を請求することが可能なのかという問題です。

　以下では、それぞれのケースについて、システム開発契約の法的性質が準委任の場合と請負の場合に分けて説明します。

ア　準委任の場合

　準委任の場合であって、業務提供期間の定めがあり、期間に応じて対価が定められている場合を想定します。

　まず、中断期間中の報酬・費用を請求することが可能かどうかについては、以下のように考えます。システム開発が不可抗力により中断した場合には、いわゆる危険負担の問題となり、民法536条1項が適用されます。不可抗力による開発の中断は、「当事者双方の責めに帰することができない事由によって債務（＝開発義務）を履行することができなくなった」ことに該当しますので、「債権者（＝ユーザ）は、反対給付（＝中断期間中の報酬・費用）の履行を拒むことができる」ことになります。すなわち、ベンダはその期間分の報酬や費用を請求することができません。

　なお、不可抗力による開発の中断、という評価が、ベンダとユーザのそれぞれの立場によって異なる可能性もあります。これは例えば、コロナ禍における緊急事態宣言のように、当該宣言に従って企業活動を停止する企業もあれば、何ら影響を受けず活動を継続している企業もあったといった場合、果たして不可抗力で開発が中断したといえるのかがそもそも問題となり得ます。このように、例えばユーザ側が不可抗力を主張して開発作業が中断されたが、ベンダからすれば作業の提供ができる状況にあった、といった場合もあり得ますので、以下参考までにそういったケースの考え方も説明します。この場合も危険負担の問題ですが、この場合は、「債権者（＝ユーザ）の責め

に帰すべき事由によって債務（＝開発義務）を履行することができなくなったとき」（民法536条2項）に該当し、ベンダは中断期間中の報酬等の請求ができる可能性があります。ただしベンダが自己の債務を免れたことによって利益を得たときは、これをユーザに償還しなければなりません。例えば、中断要請によって業務を提供しないことによって、ベンダがその下請のベンダへの支払いを免れたとすれば、その分は報酬額から引くことになります。

　次に、開発期間が延伸となった場合の延伸分の報酬・費用を請求することが可能なのかどうかについては、以下のように考えます。この問題は、中断期間中の報酬請求の場合と異なり、専ら契約内容の問題となります。開発期間の延伸は、準委任期間の延長ですので、その延長した期間に対応する報酬の請求は、新規契約又は契約の変更（期間の変更）が必要です（なお、仮に明示的に新規契約又は契約の変更がなされなかった場合であっても、事実関係次第では、黙示的な新規契約又は契約の変更が認められる可能性もあります。）。その意味では、このような場合には中断の原因が不可抗力であるかどうかは問題になりません。ただし、不可抗力を理由として開発が中断した場合において、期間満了後も漫然と開発作業を継続するのはトラブルのもとですので、ユーザ・ベンダ間で期間延伸の契約をするのか、期間満了で終了するか、判断する必要があります。

イ　請負の場合

　システム開発契約が請負契約の場合において、中断期間中の報酬を請求することが可能かどうかについては、以下のように考えます。そもそも典型的な請負契約は、仕事の完成に対して報酬が支払われるものなので、中断があっても報酬が当然に増額できるということはありません。また、仮に中断によって通常よりも開発コストが増加した場合、ベンダとしてはユーザに対してその増加分を請求したいところですが、そのコスト増加についてユーザ側に帰責事由があれば、債務不履行（例えばユーザの協力義務違反）に基づく損害賠償ということで増加コスト分を請求できる可能性はあります。しかし、不可抗力に基づく中断の場合は、そのようなユーザ側の帰責事由がありませ

んので、やはり請求できません。

　また、開発期間が延伸となった場合の延伸分の報酬・費用を請求すること
が可能なのかどうかについては、新規契約や契約の変更がない限りは、原則
として請求できません。これは、開発期間や納期が延伸されたとしてもベン
ダの完成義務はなくならないということからもいえます。

（4）　下請法との関係

　ベンダが下請ベンダにシステム開発を再委託していたという場合には、更
に下請法（下請代金支払遅延等防止法）の問題に配慮する必要があります。①親
事業者の資本金が 3 億円を超えていて、下請事業者の資本金が 3 億円以下の
場合、又は、②親事業者の資本金が 1 千万円を超えて 3 億円以下、下請事業
者の資本金が 1 千万円以下の場合には、下請法の適用があり、不可抗力の問
題が生じる場合であっても一定の配慮が必要となります。

　新型コロナウイルス感染症の流行時には、公正取引委員会等から、「新型
コロナウイルス感染症により影響を受ける個人事業主・フリーランスとの取
引に関する配慮について」と「新型コロナウイルス感染症拡大に関連する下
請取引 Q ＆ A」がそれぞれ公表されました。

　例えば、親事業者が下請事業者の納品を拒絶することは、下請法上の「受
領拒否」に該当する場合があります。納期の延伸は「不当な給付内容の変
更」に、単価の増額拒否や衛生管理の強化に伴う費用の増加について対価に
反映させない場合には「買い叩き」が問題となります。これらについては、
何れも下請業者に帰責性がない場合に問題となり、親事業者の帰責性は問題
となりません（不可抗力の場合のように親事業者に帰責性がなかったとしても、親事
業者は下請法違反になります。）。そのため、慎重な対応が必要であり、少なくと
も十分に協議を行うことが必要となります。

　このように、ベンダが、システム開発において下請業者に再委託している
場合であって、不可抗力によりシステム開発の延期がされるというような場
合には、下請法にも配慮しなければならないということになり、その結果、
下請業者に支払った費用を更にユーザに対して負担を求めることができるの

かという点も検討しなければならないことになります。

4　事情変更の法理

　新型コロナウイルス感染症の蔓延など、想定外の事態が生じた場合におい
て、開発コストが増加する場合があります。そのように増加したコストを、
ベンダがユーザに対して請求できるかどうかは難しい問題です。

　すなわち、ベンダとしては、例えば機器やソフトウェア等を他社から調達
する必要があるシステム開発において、納品物とその対価、そして納期を
ユーザとの間で合意している以上、いわゆる「特定物」ではない限り、当初
の調達先から調達できなかったとしても別の調達先から調達して開発を完了
させる義務がありますし、対価の合意をしている以上、コストアップしたか
らといって当然に対価が変更できるわけでもありません。他方、新型コロナ
ウイルス感染症の蔓延のように、全世界的に経済活動が制約されて機器等の
サプライチェーンが正常に稼働できない期間が長期間に亘るような場合は、
別の調達先から調達することはコストの増加に直結します。

　ベンダがもし、そういった開発コストの増加分をユーザに請求するとすれ
ば、事情変更の法理を適用することが考えられます。

　事情変更の法理とは、

①契約の締結後に、その契約の前提となっていた事情に変更が生じたこと

②その事情の変更が契約締結時に当事者が予見することができず、かつ、当
　事者に帰責性のない事由により生じたものであること

③事情変更の結果、当初の契約内容に当事者を拘束することが信義則上著し
　く不当であると認められること

といった要件が認められる場合に適用される法理で、法律上の定めはなく、
裁判例で認められてきた法理です。ただ、この法理の適用が認められるの
は、この要件からも分かるとおり非常に例外的な場合になります。

　また、事情変更の法理の効果は、契約の解除であるとされており、裁判例
の中には契約の内容の変更を認めたものもありますが例外的です。

　このように、不可抗力に基づいて増加したコストをベンダがユーザに請求

するのは、非常に困難であるといえます。

5　事例の解説

　事例 1 は、仮にベンダの履行遅滞に帰責性が無い場合でも、ユーザから契約解除及び損害賠償請求ができるかどうかの問題です。前述のとおり、解除については債務者の帰責事由が無くとも可能ですので、その不履行が「軽微」といえない限り、契約の解除が認められることになります。納期の遅延は一般的には軽微な不履行とはいえませんので、ユーザは解除することができると解されます。なお、ベンダは、可分な部分の給付によってユーザが利益を受けるときは、その利益の割合に応じた報酬の請求は可能です。ただ、システム開発においては、その全体が完成していないと意味が無いことも多いため、可分な部分はないとして報酬の請求ができない場合も多いといえます。

　また、損害賠償請求については、原則としてベンダに帰責事由がある場合のみ請求可能です。不可抗力の場合は帰責事由が無いようにも思われますが、前述のとおり、不可抗力の具体的内容を予見可能性と結果回避可能性がない場合であるとすると、結局、一概に帰責事由なし、ということにはなりません。事例 1 でいえば、実際に在宅勤務に切り替える必要があったのか、また、現場でのシステム開発に代えて在宅でのシステム開発を行うための環境を整えて遅延を防止できたのか、といった点を総合的に考慮して、結果回避可能性の有無を判断する必要があります。

　事例 2 は、ユーザの受領遅滞により増加した費用をベンダがユーザに請求できるかどうかの問題です。前述のとおり、民法上、受領遅滞において「履行の費用」が増加した場合には、帰責事由の如何を問わず債権者（事例 2 ではユーザ）が負担することになっていますので、ベンダはユーザに対して「履行の費用」を請求できます。ただし、「履行の費用」に何が含まれるかは解釈の余地があり、一般的には保管費用等の実費であると解されていることからすれば、少なくとも、事例 2 における社内人員の待機費用については請求できない可能性が高いと思われます。

　事例3と4は、不可抗力を理由として開発が中断された場合の、報酬及び費用の請求に関する問題です。事例3は中断期間中の報酬や費用を請求できるかどうかの問題であり、前述のとおり、不可抗力による開発の中断は「当事者双方の責めに帰することができない事由によって債務を履行することができなくなった」に該当する可能性が高いので、ユーザは反対給付すなわち報酬の支払いを拒むことができます。他方、ベンダとしては、「日本政府から緊急事態宣言が発令された」ことは不可抗力ではない、と反論して、ユーザによる開発中断要請が「債権者（＝ユーザ）の責めに帰すべき事由によって債務を履行することができなくなったとき」に該当し、ベンダは報酬等を請求できると主張することが考えられます。

　事例4は、不可抗力による開発中断に伴い、開発期間が延伸となった場合の延伸分の報酬・費用を請求することができるかどうかの問題であり、明示的な新規契約や契約変更がなされていない場合、黙示的に新規契約締結や契約変更が認められるかが問題となりますが、いずれも認められない場合は報酬等の請求は認められないと解されます。

　事例5は、未知の感染症の拡大を理由として、開発費用が想定よりも増加してしまった場合に、ベンダがユーザに対してその増加分を転嫁できるのかという問題です。前述のとおり、そういった場合は事情変更の法理に基づいて請求することが考えられますが、事情変更の法理とは、

①契約の締結後に、その契約の前提となっていた事情に変更が生じたこと

②その事情の変更が契約締結時に当事者が予見することができず、かつ、当事者に帰責性のない事由により生じたものであること

③事情変更の結果、当初の契約内容に当事者を拘束することが信義則上著しく不当であると認められること

といった要件が認められる場合に適用される法理であるところ、事例5においては、①②の要件は満たす可能性があるものの、③の「信義則上著しく不当である」に該当するかどうかは難しい判断です。事例5でいえば、当初契約で定められた報酬額を維持すること（すなわち増加コスト分をベンダが全て被ること）が、信義則上著しく不当と言えるのかが問題ですが、開発に要する実

費等はもともとベンダが負担する前提である以上、その費用の増減はベンダが負担すべきリスクであると考えるのが一般的ですので、信義則上著しく不当とまでいえるのは、よほど金額の差異が大きい場合に限られると解されます。

 契約書における留意点

1　不可抗力事由発生時の免責に関する条項

　不可抗力事由が生じたときに免責する旨の条項を定めるに当たっては、まず、できる限り具体的に不可抗力事由を列記することが求められます。新型コロナウイルス感染症の蔓延時には、法的拘束力のない政府からの要請に応じることによる業務への影響も多く発生し、これが不可抗力といえるのかということが問題となりました。そのため、一般的に不可抗力の条項で規定されている天災、火災、争乱というような事象の他に、不可抗力事由となり得る事象を明記することが必要といえます。

　次に、不可抗力事由を当事者に過失がない場合（責めに帰すべき事由がない場合）の例示として規定するのか否かを考える必要があります。例示として規定する場合には、不可抗力事由が発生したというだけでは免責とはならず、あくまでそのような事由を前提として取引における常識に照らして結果回避に必要な手段を講じることができたかどうかという観点から責任の有無を判断することになります。当事者に帰責事由がない場合と並列して不可抗力事由を列記する場合には、その内容によっては帰責事由がない場合よりも広く免責が認められる余地があるといえるでしょう。

2　不可抗力による事象が発生した場合の効果に関する条項

　不可抗力事由が発生した場合には、これまで解説したとおり、費用負担の問題や解除を認めるのかという問題が生じます。

　費用負担の問題については、単に協議をするという条項を定めることも考えられますが、協議が調わない場合には民法の原則に立ち戻ることになりま

すので、根本的な解決とはなりません。そのため、ユーザ・ベンダのいずれかに費用を負担させる条項とするのか、若しくはいずれも費用の負担を求めない旨を定めることも考えられます。

　また、不可抗力事由がいったん発生した場合でも、その状態が解消した場合には債務の履行が可能ですので、不可抗力事由が生じた場合に即時に解除可能とする条項は一般的ではないといえます。不可抗力事由により債務の履行が不可能となった場合の他、履行は可能ではあるがそのために負担する費用が著しく増加するような場合に解除を認める条項を規定することが検討できます。

 条項例

(甲：ユーザ、乙：ベンダ)

第●条（不可抗力）

1. 天災、火災、争乱、感染症の蔓延、政府の規制・要請、並びに、甲及び乙の責めに帰すべからざる事由（以下総称して「不可抗力事由」という。）による損害又は本契約及び個別契約の不履行については、甲及び乙いずれも責任を負わないものとする。

2. 不可抗力事由が発生したことにより、①本契約に定める債務の履行が不可能となった場合、②当該債務の履行を行うために著しく費用が増加する場合、甲及び乙は、協議の上、納期、契約金額その他契約内容の必要な変更を行うことができるものとする。但し、甲及び乙による協議が調わないときには、甲又は乙は、本契約又は個別契約の全部又は一部を解除することができるものとする。

3. 前項の規定に従い本契約又は個別契約が解除により終了した場合、甲は、乙に対して、既にした本件業務の履行の割合に応じた報酬を支払うものとし、乙は、甲に対して、解除時点における成果物を引き渡すものとする。

1　免責規定 （1 項）

不可抗力事由が発生した場合の免責を定めた条項例です。

この条項例では、「天災、火災、争乱」という一般的な不可抗力事由のほか、「感染症の蔓延、政府の規制」、更には、法的な拘束力のない「政府の要請」についても不可抗力事由に含めています。

また、これらの不可抗力事由を、「甲及び乙の責めに帰すべからざる事由」と並列して規定することによって、帰責事由がない場合よりも広く免責を認める余地を残す規定となっています。より明確に規定するのであれば、例えば、「天災、火災、争乱、感染症の蔓延、政府の規制・要請によって本契約及び個別契約の履行が困難である場合」に免責する旨を規定することも考えられます。

2　費用負担及び解除 （2 項・3 項）

不可抗力事由発生時の費用負担に関する協議と解除を定めた条項例です。

この条項例では、不可抗力によって生じる費用の負担についてはユーザ・ベンダのいずれの負担とするかは定めず、まず、協議によって解決することとし、この協議が調わない場合に解除を認めるという内容にしています。この費用負担をどちらか一方の負担とする条項は契約締結時には決めがたいところもあります。そこで費用負担については協議条項とした上で、協議が調わない場合には解除ができるとすることで、ベンダからすれば費用の負担を求められないのであれば大幅な赤字プロジェクトとなる場合にその赤字を最小限にとどめるために解除をするという選択を採ることもできます。また、このような条項は、ユーザとしては、一定の費用負担をしてもプロジェクトを進めてもらいたいと判断するのであれば、解除に進まずに費用負担をしようというインセンティブにもなります。

協議が調わず解除となった場合には、それまでの費用や仕掛品の処理を定める必要があります。条項例では、ユーザがベンダに対して履行割合に応じた報酬を支払い、ベンダはユーザに対して仕掛品を引き渡すという内容としていますが、民法 634 条のように仕掛品のうち、可分な部分であって、これ

によってユーザが利益を受ける部分について、ユーザがベンダに対してその利益の割合により報酬を支払い、ベンダがユーザに対してその部分に係る仕掛品を引き渡すという条項とするなど、いくつかのバリエーションが考えられます。なお、引き渡す仕掛品について、契約不適合責任を負うか否かについても定めることも考えられます。

システム開発委託基本契約書

　委託者：ユーザ（以下「甲」という。）と受託者：ベンダ（以下「乙」という。）とは、システムの開発に係る業務の委託に関する基本的な契約事項について、次のとおりこの契約（以下「本契約」という。）を締結する。

第1章　総則

第1条（開発委託）

　甲は乙に対し、下記のシステム開発にかかる業務（以下「本件業務」という。）を委託し、乙はこれを受託する。

記

【システムの名称・説明等】

第2条（定義）

　本契約で用いる用語の定義は、次のとおりとする。

① 　本件システム

　　本契約及び個別契約に基づき開発されるソフトウェアであって、プログラム、コンテンツ、データベース類及び関連資料など個別契約において定めるもの

② 　要件定義書

　　本件システムの機能要件（甲の要求を満足するために、ソフトウェアが実現しなければならない機能に係る要件。システム機能及びデータにより定義される。）及び非機能要件（機能要件以外のすべての要素に係る要件。業務内容及びソフトウェアの機能と直接的な関連性を有さない品質要件、技術要件、移行要件、運用要件、セキュリティ要件及び付帯作業等から成り、それぞれに対する目標値及び具体的事項により定義さ

れる。）をとりまとめた文書

③　外部設計書

要件定義書に基づき本件システムの画面、帳票などのユーザインターフェース、他システムとの通信やデータ入出力等のインターフェースなど、本件システムの入出力全般に関する仕様を定めた設計書

④　システム仕様書

要件定義書及び外部設計書

⑤　中間資料

本件システムの開発過程で生成したもので、本件システム、システム仕様書及び検査仕様書に該当しないすべてのもの

⑥　第三者ソフトウェア

第三者が権利を保有するソフトウェア（サーバ用 OS、クライアント用 OS、ケースツール、開発ツール、通信ツール、コンパイラ、RDB などを含む。）であって、本件システムを構成する一部として利用するため、第三者からライセンスを受けるもの

⑦　納入物

乙が本件業務において作成し甲に納入すべき対象物

第3条（契約の構成等）

1．本件業務は、下記の各業務（以下「個別業務」という。）の全部又は一部から構成される。

　　　①要件定義作成支援業務（第 12〜13 条）

　　　②外部設計書作成業務（第 14〜15 条）

　　　③開発業務（第 16〜19 条）

　　　④運用準備・移行支援業務（第 20〜21 条）

2．個別業務には、本契約のほか、次条に基づき締結される当該個別業務に関する契約（以下「個別契約」という。）が適用されるものとする。

3．本契約と個別契約の条項の内容に齟齬がある場合、個別契約の条項が本契約に優先するものとする。

第4条（個別契約）

1．甲及び乙は、個別業務について個別契約を締結する。

2．個別契約には、以下の各号のうち必要な取引条件を定める。

　① 具体的作業内容（範囲、仕様等）

　② 契約類型（請負・準委任）

　③ 作業期間又は納期

　④ 作業スケジュール

　⑤ 甲・乙の作業分担

　⑥ 納入物の明細及び納入場所

　⑦ 委託料及びその支払方法

　⑧ その他個別業務遂行に必要な事項

第5条（委託料及びその支払方法）

1．本件業務の対価の総額は、●円を上限とする。

2．甲は乙に対し、本件業務の対価として、前項の総額の範囲内で、各個別契約で定めた委託料を当該個別契約で定めた方法で支払う。

3．本件業務の対価の総額が第1項の上限金額を超える可能性が生じた場合、乙は、速やかに、甲に対して合理的な根拠を提示して、上限金額の変更につき協議するものとする。

第6条（作業期間又は納期）　　　　　　　　　　　　　⇒第2編第5章

1．本件業務の最終納期は、●年●月●日とする。

2．各個別業務の作業期間又は納期は、当該個別業務に係る当該個別契約で定める。

3．本件業務の最終納期が第1項の期日を徒過する可能性が生じた場合、乙は、速やかに、甲に対して合理的な根拠を提示して、納期の変更につき協議するものとする。

第7条（再委託）

1．乙は、乙の責任において、各個別業務の一部を第三者（以下「再委託先」という。）に再委託することができる。但し、乙は、事前に甲に対し、再委託先の名称及び住所等を報告するものとする。

2．乙は再委託先との間で、再委託に係る業務に関して、本契約に基づいて乙が甲に対して負担するのと同様の義務を、再委託先に負わせるものとする。

3．乙は、再委託先による個別業務の遂行について、甲に帰責事由がある場合を除き、自ら業務を遂行した場合と同様の責任を負うものとする。

第8条（報　　告）

　乙は、甲から要求された場合は、速やかに、甲が指定した方法で、本件業務の進捗状況を報告するものとする。ただし、甲は、乙による本件業務の遂行に支障を来さないよう配慮するものとする。

第2章　本件業務の推進体制

第9条（作業分担）　　　　　　　　　　　⇒第2編第1章・第2章

　本件業務における作業分担は、各個別契約において定める。

第10条（プロジェクトマネジメント義務及びユーザの協力義務）

⇒第2編第1章

1．乙は、①個別契約に定める開発手順や開発手法、作業工程等に従って本件業務を進め、②進捗状況を管理し、開発作業を阻害する要因の発見に努め、これに適切に対処し、③本件業務の局面に応じて、状況の分析、計画の変更の要否とその内容、開発計画の中止の要否とその影響等について、甲に対して説明をする義務を負う。ただし追加開発要望の拒否や、要望を出さないよう説得するといった作為義務は負わない。

2．甲は、①本件業務のために必要な協力を乙から求められた場合に、これ

に応じて必要な協力を行うべき義務、及び②追加要望を大量に出すなどして乙の本件業務を妨害してはならない義務を負う。

第11条（協　　議）

⇒第2編第3章

1．甲及び乙は、本件業務の進捗状況、リスクの管理及び報告、問題点の協議及び解決、その他本件業務が円滑に遂行されるために必要な事項について、必要に応じて随時協議する。

2．乙は、甲乙間の協議の議事内容及び結果について議事録を作成し、これを甲に提出し、その承認を得るものとする。

3．乙は、議事録の原案を協議の日から●日以内に作成して、これを甲に提出し、甲は、これを受領した日から●日以内にその点検を行う。当該期間内に甲が具体的な理由を明示して異議を述べない場合には、乙が作成した議事録を承認したものとみなす。

4．乙が前項の期限までに議事録の原案を作成しない場合、甲は乙に代わって議事録を作成し、これを乙に提出することができる。乙は、これを受領した日から●日以内にその点検を行う。当該期間内に乙が具体的な理由を明示して異議を述べない場合には、甲が作成した議事録を承認したものとみなす。

第3章　本件業務

第1節　要件定義支援業務

第12条（要件定義支援業務の実施）

1．乙は、甲による要件定義作業を支援し、要件定義書を作成するサービス（以下「要件定義支援業務」という。）を提供する。

2．乙は、情報処理技術に関する専門的な知識及び経験に基づき、甲の作業が円滑かつ適切に行われるよう、善良な管理者の注意をもって調査、分析、整理、提案及び助言などの支援業務を行い、かつ、要件定義書を作成

するものとする。

3．要件定義支援業務は、成果報酬型の準委任契約とする。

4．要件定義支援業務の具体的な取引条件については、個別契約に定める。

第13条（要件定義書の納入・検査・確定）

1．乙は甲に対し、個別契約で定める期日までに、要件定義書を納入するものとする。

2．甲は、納入された要件定義書を検査し、内容の追加・変更がある場合は、個別契約において定める検査期間内に、乙に対して具体的に指示する。乙は、指示に従って修正版を作成して甲に納入し、甲は再度検査をするものとし、以後も同様とする。

3．甲は、要件定義書の内容が確定した場合、乙に対して速やかに通知する。

4．第2項の追加・変更に伴い作業期間、委託料等個別契約の条件を変更する必要が生じる場合は、第22条（本契約及び個別契約内容の変更）の手続によるものとする。

5．第2項に定める検査期間内に甲が何ら異議を述べなかった場合、又は甲から乙に対して第3項の通知がなされた場合、要件定義支援業務は完了したものとする。

第2節　外部設計書作成業務

第14条（外部設計書作成業務の実施）　　　　⇒第2編第4章

1．乙は、第13条（要件定義書の納入・検査・確定）の規定により確定された要件定義書に基づき、本件業務として本件システムの外部設計書作成業務を行う。

2．外部設計書作成業務は、請負契約とする。

3．外部設計書作成業務の実施に際し、乙は甲に対して必要な協力を要請できるものとし、甲は乙から協力を要請された場合には、適時にこれに応ずるものとする。

4．外部設計書作成業務の具体的な取引条件については、個別契約に定める。

第15条（外部設計書の納入・検査・確定）　⇒第2編第3章

1．乙は甲に対し、個別契約で定める期日までに、納入物を検収依頼書（兼納品書）とともに納入する。

2．甲は、個別契約において定める点検期間（以下「外部設計書の点検期間」という。）内に、外部設計書が、第13条（要件定義書の納入・検査・確定）の規定により確定された要件定義書及び第11条（協議）所定の協議での決定事項（以下合わせて「外部設計仕様」という。）に、適合するか及び論理的誤りがないか検査を行うものとする。

3．前項の検査の結果、外部設計仕様に適合すること及び論理的な誤りがないことを確認した場合、甲は乙に対し、検査合格の旨を通知するものとする。

4．第2項の検査の結果、外部設計仕様に適合しない部分又は論理的誤りが発見された場合、甲は、乙に対し不合格となった具体的な理由を明示して通知し、修正又は追完を求める。乙は、協議の上定めた期限内に修正版を作成して甲に提示し、甲は再度前二項の検査手続を行うものとする。

5．外部設計書の点検期間内に甲が具体的な理由を明示して異議を述べない場合には、外部設計書の点検期間の満了をもって、外部設計書は検査に合格したものとみなされる。

6．検査合格をもって、外部設計書は確定したものとする。

第3節　開発業務

第16条（開発業務の実施）

1．乙は、確定したシステム仕様書に基づき、本件業務として開発業務を行う。なお、開発業務には、内部設計、プログラミング、及びテストまでの工程を含むものとする。

2．開発業務は、請負契約とする。

３．開発業務の実施に際し、乙は甲に対して必要な協力を要請できるものと
し、甲は乙から協力を要請された場合には、適時にこれに応ずるものとす
る。

４．開発業務の具体的な取引条件については、個別契約に定める。

第17条（納　　入）

１．乙は甲に対し、個別契約で定める期日までに、個別契約所定の納入物を
検収依頼書（兼納品書）とともに納入する。

２．納入物の滅失、毀損等の危険負担は、納入前については乙が、納入後に
ついては甲が、それぞれこれを負担するものとする。

第18条（検査仕様書の作成）　　　　　　　　　　　⇒第2編第2章

甲は、前条の納入物の検査の基準となるテスト項目、テストデータ、テス
ト方法及びテスト期間等を定めた検査仕様書を作成し、乙に提出するものと
し、乙は検査仕様書の作成に協力するものとする。

第19条（本件システムの検収）　　　　　　　　　　⇒第2編第2章

１．甲は、納入物のうち本件システムについて、個別契約に定める期間（以
下「検査期間」という。）内に、システム仕様書と本件システムが適合す
るか否かについて、前条の検査仕様書に基づき検査を行うものとする。

２．前項の検査の結果、本件システムがシステム仕様書に適合することを確
認した場合、甲は乙に対し、検査合格の旨を通知するものとする。

３．第1項の検査の結果、本件システムにシステム仕様書に適合しない部分
が発見された場合、甲は、乙に対し不合格となった具体的な理由を明示し
て通知し、修正又は追完を求める。乙は、協議の上定めた期限内に無償で
修正して甲に納入し、甲は必要となる範囲で、再度前二項の検査手続を行
うものとする。

４．検査期間内に甲が具体的な理由を明示して異議を述べない場合は、本件
システムは、本条所定の検査に合格したものとみなされる。

5．本条所定の検査合格をもって、本件システムの検収完了とする。

第4節　システム運用準備・移行支援業務

第20条（ソフトウェア運用準備・移行支援業務の実施）

1．乙は、本件システムの導入・受入支援及び運用テスト業務につき、甲のために必要な支援（以下「システム運用準備・移行支援業務」という。）を行う。

2．システム運用準備・移行支援業務は、成果報酬型の準委任契約とする。

3．乙は、情報処理技術に関する専門的な知識及び経験に基づき、甲の作業が円滑かつ効果的に行われるよう、善良な管理者の注意をもって支援業務を行うものとする。

4．システム運用準備・移行支援業務の具体的な取引条件については、個別契約に定める。

第21条（業務の終了・確認）

1．乙は、システム運用準備・移行支援業務の終了後●日以内に、業務終了報告書を作成し、甲に提出する。

2．甲は、個別契約に定める検査期間内に、当該業務終了報告書の検査を行うものとする。

3．甲は、当該業務終了報告書の内容に疑義がない場合、乙に対して、システム運用準備・移行支援業務の終了を通知するものとする。

4．第2項の検査期間内に、甲が具体的な理由を明示して異議を述べない場合には、同期間の満了をもって、業務の終了を確認したものとみなされる。

第4章　契約内容等の変更

第22条（本契約及び個別契約内容の変更）　　　　⇒第2編第5章・第6章

本契約及び個別契約の内容の変更は、別途、当事者双方が署名又は記名捺

印した書面により変更契約を締結することよってのみこれを行うことができる。

第23条（システム仕様書等の変更）　　　　　　⇒第2編第6章

1．甲又は乙は、システム仕様書又は検査仕様書（以下総称して「仕様書等」という。）の内容についての変更が必要と認める場合、その変更の内容、理由等を明記した書面（以下「変更提案書」という。）を相手方に交付して、変更の提案を行うことができる。

2．変更提案書が交付された場合、甲及び乙は、当該変更の可否について、第11条（協議）所定の協議をするものとする。

3．前項の協議の結果、甲及び乙が変更を可とする場合は、下記の内容を含む書面を作成し、甲乙双方にて記名押印する。当該書面への記名押印をもって、変更が確定するものとする。

 ① 　変更の詳細

 ② 　変更の理由

 ③ 　変更作業のスケジュール

 ④ 　変更のために費用を要する場合はその額

4．前項の変更が、本契約及び個別契約の条件に影響を及ぼす場合は、甲及び乙は速やかに第22条（本契約及び個別契約内容の変更）に基づき変更契約を締結するものとし、この場合、変更契約の締結をもって変更が確定するものとする。

5．乙は、甲から中断要請がある場合、その他本件業務を遂行できない特段の事情がある場合は、第2項の協議が調わない間、本件業務を中断することができる。

第24条（変更の協議不調に伴う契約終了）　　　　⇒第2編第6章

1．前条の協議の結果、変更の内容が作業期間、納期、委託料又はその他の契約条件に影響を及ぼす等の理由により、甲が個別契約の続行を中止しようとするときは、甲は個別業務の未了部分について個別契約を解約するこ

とができる。

2．甲は、前項により個別業務の未了部分について解約しようとする場合、
中止時点まで乙が遂行した個別業務についての委託料を支払うとともに、
解約により乙が出捐すべきこととなる費用その他乙に生じた損害を賠償し
なければならない。

3．本条の規定は、乙の債務不履行に起因する甲による解除及び損害賠償請
求を妨げない。

第5章　資料及び情報の取扱い

第25条（資料等の提供及び返還）

1．甲は乙に対し、本件業務の遂行に必要な情報、資料、機器、設備等（以
下「資料等」という。）の開示、貸与等の提供を行う。

2．乙は甲から提供された本件業務に関する資料等を善良な管理者の注意を
もって管理、保管し、かつ、本件業務以外の用途に使用してはならない。

3．乙は甲から提供された本件業務に関する資料等を、本件業務遂行上必要
な範囲内で複製又は改変できる。

4．本件業務遂行上、甲の事務所等で乙が作業を実施する必要がある場合、
甲は当該作業実施場所（当該作業実施場所における必要な機器、設備等作
業環境を含む。）を、甲乙協議の上、各個別契約に定める条件に従い、乙
に提供するものとする。

5．甲から提供を受けた資料等（第3項の複製物及び改変物を含む。）が本
件業務遂行上不要となったときは、乙は遅滞なくこれらを甲に返還又は甲
の指示に従った処置を行うものとする。

第26条（秘密保持）　　　　　　　　　　　　⇒第2編第9章

1．本条において「秘密情報」とは、本件業務の遂行の過程で甲及び乙が相
互に開示し、又は自ら知り得た相手方の営業上、技術上、経営上及び業務
上の情報、その他一切の有用な情報のうち、相手方が書面により秘密であ

る旨指定して開示した情報、又は口頭により秘密である旨を示して開示した情報で開示後7日以内に書面により内容を特定した情報をいう。ただし、以下の各号のいずれかに該当する場合には、秘密情報として取り扱われないものとする。また、第28条（納入物の特許権等）に基づき甲に帰属する知的財産権等に係る発明等及び第29条（納入物の著作権）に基づき甲に著作権が帰属する著作物については、甲の秘密情報とみなすものとする。

(1)　相手方より開示を受けた時点で既に公知の情報

(2)　相手方より開示を受けた時点で既に知得していた情報

(3)　正当な権利を有する第三者から秘密保持の義務を負うことなく合法的に入手した情報

(4)　相手方より開示を受けた後に、自己の責めによらず公知となった情報

(5)　相手方の秘密情報を利用することなく独自に取得した情報

2．甲及び乙は、相手方の秘密情報を現に秘密として保持し、相手方の事前の書面による承諾なくして、第三者に開示しないものとする。

3．甲及び乙は、本件業務の遂行その他本契約及び個別契約の目的の範囲でのみ秘密情報を使用するものとし、他の目的には一切使用しないものとする。

4．第2項の規定にかかわらず、甲及び乙は、法令又は証券取引所の規則に基づきその開示が要求された秘密情報については、必要な範囲で開示することができるものとする。但し、可能な限りにおいて当該情報の提供を行う前に、相手方に対して書面により通知をし、異議申立ての機会を与えるものとする。

5．甲及び乙は、本件業務が終了した場合、又は、甲もしくは乙より相手方に対し請求があった場合には、相手方の指示に従い、開示された秘密情報（複製・改変したものを含む。）の全部又は一部及びその写しを、速やかに返還、廃棄又は記録媒体から抹消するものとする。

6．甲又は乙は、相手方が本条に違反して秘密情報を使用もしくは利用し、又は第三者に対して開示、提供した場合、若しくはそのおそれがある場

合、当該相手方の行為の差止を請求することができる。また、この場合、本条に違反する行為を組成した物（本条に違反する行為により生じた物を含む。）の廃棄、本条に違反する行為に供した設備の除却その他の本条違反の予防に必要な行為を請求することができる。

7．本条の規定は、本契約終了後、●年間存続するものとする。

第6章　権利帰属

第27条（納入物の所有権）

　乙が本契約及び個別契約に従い甲に納入する納入物の所有権は、当該個別契約に定める時期をもって、乙から甲へ移転する。

＊納入物の特許権等を全てユーザに帰属させるパターン

第28条①（納入物の特許権等）　　　　　　　　　　　⇒第2編第9章

1．特許権、実用新案権及び意匠権（特許、実用新案登録及び意匠登録を受ける権利を含む。以下総称して「知的財産権」という。）及びノウハウに関する権利（以下、知的財産権と併せて「知的財産権等」という。）のうち、本件業務の過程で生じた発明、考案、意匠及びノウハウ（以下総称して「発明等」という。）にかかる知的財産権等は、個別契約に定める委託料が支払われた時に、すべて甲に帰属するものとし、乙から甲に対して譲渡されるものとする。

2．乙は、甲に対して、乙が保有し又は取得する知的財産権等について、甲が納入物を使用するために必要な範囲で、その実施及び使用を許諾する。

3．甲は、乙に対して、第1項に基づき甲に帰属した知的財産権等について、無償で、その実施及び使用（第三者に対する再実施及び再使用許諾権を含む。）を許諾する。

4．本条の知的財産権等の譲渡及び許諾の対価は、委託料に含まれるものとする。

＊納入物の特許権等をベンダ及びユーザのそれぞれに帰属させるパターン

第28条②（納入物の特許権等） ⇒第2編第9章

1．特許権、実用新案権及び意匠権（特許、実用新案登録及び意匠登録を受ける権利を含む。以下総称して「知的財産権」という。）及びノウハウに関する権利（以下、知的財産権と併せて「知的財産権等」という。）のうち、本件業務の過程で生じた発明、考案、意匠及びノウハウ（以下総称して「発明等」という。）にかかる知的財産権等は、当該発明等を行った者が属する当事者に帰属するものとする。

2．乙は、甲に対して、乙が保有し又は取得する知的財産権等（第1項に基づき乙に帰属するものを含むがこれに限られない。）について、甲が納入物を使用するために必要な範囲で、その実施及び使用を許諾する。

3．甲は、乙に対して、第1項に基づき甲に帰属した知的財産権等について、無償で、その実施及び使用（第三者に対する再実施及び再使用許諾権を含む。）を許諾する。

4．甲及び乙は、知的財産権等が共有となる場合、当該知的財産権等を、相手方が無償で実施及び使用することに同意する。この実施及び使用には、第三者に対する実施及び使用許諾を含むものとする。また、この場合、甲及び乙は、その出願手続の実施者及び費用負担等を定めた共同出願契約を締結するものとする。

5．第1項に基づき甲又は乙に帰属した知的財産権について出願手続を行う場合、甲又は乙は、相手方に対して事前に書面により通知をするものとする。また、当該出願手続において提出する書類に相手方の機密情報が含まれないようにしなければならないものとする。

＊納入物の特許権等をベンダ及びユーザの共有にするパターン

第28条③（納入物の特許権等） ⇒第2編第9章

1．特許権、実用新案権及び意匠権（特許、実用新案登録及び意匠登録を受ける権利を含む。以下総称して「知的財産権」という。）及びノウハウに関する権利（以下、知的財産権と併せて「知的財産権等」という。）のう

ち、本件業務の過程で生じた発明、考案、意匠及びノウハウ（以下総称して「発明等」という）にかかる知的財産権等は、すべて甲と乙の共有とする。当該知的財産権等の共有持分は甲50％、乙50％とする。

2．甲及び乙は、相手方が、知的財産権を無償で実施することに同意する。この実施及び使用には、第三者に対する実施及び使用許諾を含むものとする。

3．甲及び乙は、相手方が、ノウハウに関する権利を無償で使用することを認める。但し、ノウハウについては、第26条（秘密保持）の相手方の「秘密情報」として取り扱うものとし、第三者に対して使用許諾、開示、又は漏洩しないものとする。

4．甲及び乙は、発明等に関して出願をする場合、その出願手続の実施者及び費用負担等を定めた共同出願契約を締結するものとする。

＊納入物の著作権をユーザに帰属させるパターン

第29条①（納入物の著作権）　　　　　　　　　　　　⇒第2編第9章

1．納入物に関する著作権（著作権法第27条及び第28条の権利を含む。以下同じ。）は、乙が本件業務開始以前から保有していた著作権、第三者が保有する著作権及び汎用的な利用が可能なプログラムの著作権を除き、甲より乙へ当該個別契約に係る委託料が完済された時に、乙から甲へ移転する。

2．乙は、納入物の利用について、甲又は甲の指定する第三者に対して著作者人格権を行使しないものとする。

3．甲は、第1項に基づき乙に留保された著作権の対象たる著作物を、納入物を使用する目的のために、複製又は翻案することができるものとし、乙は、当該著作物の存続期間満了まで、当該利用を許諾する。また、当該著作物に第三者の著作物が含まれる場合、その使用及び利用のために必要な権利処理を行うものとする。

4．本条の著作権譲渡及び著作物の利用許諾等の対価は、委託料に含まれるものとする。

＊納入物の著作権をユーザとベンダで共有するパターン

第29条②（納入物の著作権） ⇒第2編第9章

1．乙は、甲に対して、個別契約に定める委託料が支払われた時に、納入物に関する著作権（著作権法第27条及び第28条の権利を含む。）の50%持分を譲渡し、当該著作権は甲の持分50%、乙の持分50%の共有とする。

2．甲及び乙は、相手方が、納入物を無償で利用することに合意する。この利用には、納入物又はその二次的著作物の利用を第三者に許諾する場合を含むものとする。

3．乙は、納入物の利用について、甲又は甲の指定する第三者に対して著作者人格権を行使しないものとする。

4．乙から甲に対する第1項の持分権の譲渡の対価は、委託料に含まれるものとする。

5．甲又は乙が自己の持分を第三者に譲渡する場合は、他方の当事者の同意を得るものとする。

第7章　保証及び責任

第30条（契約不適合責任） ⇒第2編第3章

1．下記の場合、乙は甲に対して、本条に定める契約不適合責任を負う。

　　①確定した外部設計書と外部設計仕様との不一致又は論理的誤り

　　②検収完了後の納入物とシステム仕様書との不一致

2．前項①又は②（以下本条において「契約不適合」という。）が発見された場合、甲は乙に対して当該契約不適合の修正等の履行の追完（以下本条において「追完」という。）を請求することができ、乙は、当該追完を行うものとする。但し、甲に不相当な負担を課するものではないときは、乙は甲が請求した方法と異なる方法による追完を行うことができる。

3．甲は、当該契約不適合（乙の責めに帰すべき事由により生じたものに限る。）により損害を被った場合、乙に対して損害賠償を請求することができる。

４．当該契約不適合について、追完の請求にもかかわらず相当期間内に追完がなされない場合、甲は当該個別業務にかかる報酬の減額を請求することができる。

５．当該契約不適合について、追完の請求にもかかわらず相当期間内に追完がなされない場合又は追完の見込みがない場合で、当該契約不適合により個別契約の目的を達することができないときは、甲は本契約及び個別契約の全部又は一部を解除することができる。

６．乙が本条に定める責任その他の契約不適合責任を負うのは、外部設計書の確定後（第１項①の場合）又は検収完了後（第１項②の場合）１年以内に甲から当該契約不適合を通知された場合に限るものとする。但し、外部設計書の確定時において乙が当該契約不適合を知り若しくは重過失により知らなかった場合、又は当該契約不適合が乙の故意若しくは重過失に起因する場合にはこの限りでない。

７．前項にかかわらず、第15条（外部設計書の納入・検査・確定）又は第19条（本件システムの検収）の検査によって甲が当該契約不適合を発見することがその性質上合理的に期待できない場合、乙が本条に定める責任その他の契約不適合責任を負うのは、甲が当該契約不適合を知った時から６か月以内に甲から当該不適合を通知された場合に限るものとする。

８．本条の契約不適合責任は、契約不適合が甲の提供した資料又は甲の与えた指示によって生じたときは適用しない。但し、乙がその資料又は指示が不適当であることを知りながら告げなかったときはこの限りでない。

第31条（知的財産権侵害の責任）

１．甲による納入物の利用が、第三者の著作権、特許権その他の産業財産権（以下本条において「知的財産権」という。）を侵害したとき、乙は第35条（損害賠償）の規定にかかわらず、かかる侵害によって甲に生じた損害（侵害を回避した代替プログラムへの移行を行う場合の費用及び弁護士費用を含む。）を賠償する。但し、知的財産権の侵害が甲の責めに帰する場合はこの限りでなく、乙は一切責任を負わないものとする。

２．甲は、本契約及び個別契約に従った甲による納入物の利用に関して第三
　者から知的財産権の侵害の申立を受けた場合、すみやかに書面でその旨を
　乙に通知するものとし、乙は、甲の要請に応じて甲の防御のために必要な
　援助を行うものとする。

３．乙の責めに帰すべき事由による知的財産権の侵害を理由として納入物の
　将来に向けての使用が不可能となるおそれがある場合、乙は、乙の判断及
　び費用負担により、(i)権利侵害のない他の納入物との交換、(ii)権利侵害し
　ている部分の変更、(iii)継続使用のための権利取得のいずれかの措置を講じ
　ることができるものとする。

第32条（第三者ソフトウェアの利用）

１．乙は、本件業務遂行の過程において、本件システムを構成する一部とし
　て第三者ソフトウェアを利用しようとするときは、甲に対し、第三者ソフ
　トウェアを利用する旨、利用の必要性、第三者ソフトウェア利用のメリッ
　ト及びデメリット、並びにその利用方法等の情報を提供し、甲に第三者ソ
　フトウェアの利用を提案するものとする。

２．甲は、前項所定の乙の提案を自らの責任で検討・評価し、第三者ソフト
　ウェアの採否を決定する。

３．前項に基づいて、甲が第三者ソフトウェアの採用を決定する場合、甲
　は、甲の費用と責任において、甲と当該第三者との間で当該第三者ソフト
　ウェアのライセンス契約及び保守契約の締結等、必要な措置を講じるもの
　とする。但し、乙が、当該第三者ソフトウェアを甲に利用許諾する権限を
　有する場合は、甲乙間においてライセンス契約等、必要な措置を講ずるも
　のとする。

４．乙は、第三者ソフトウェアに関して、著作権その他の権利の侵害がない
　こと及び契約不適合のないことを保証するものではなく、乙は、第１項所
　定の第三者ソフトウェア利用の提案時に権利侵害又は契約不適合の存在を
　知りながら、若しくは重大な過失により知らずに告げなかった場合を除
　き、何らの責任を負わないものとする。但し、前項但書の場合で、甲乙間

においてライセンス契約が締結され、当該ライセンス契約に別段の定めがあるときには、当該定めによるものとする。

第8章　一般条項

第33条（権利義務譲渡の禁止）

甲及び乙は、互いに相手方の事前の書面による同意なくして、本契約上の地位を第三者に承継させ、又は本契約から生じる権利義務の全部若しくは一部を第三者に譲渡し、引き受けさせ若しくは担保に供してはならない。

第34条（解　　　除）　　　　　　　　　　　　　　　⇒第2編第7章

1．甲又は乙は、相手方に次の各号のいずれかに該当する事由が生じた場合には、何らの催告なしに直ちに本契約及び個別契約の全部又は一部を解除することができる。
 ① 　重大な過失又は背信行為があった場合
 ② 　支払いの停止があった場合、又は仮差押、差押、競売、破産手続開始、民事再生手続開始、会社更生手続開始、特別清算開始の申立てがあった場合
 ③ 　手形交換所の取引停止処分を受けた場合
 ④ 　公租公課の滞納処分を受けた場合
 ⑤ 　その他前各号に準ずるような本契約又は個別契約を継続し難い重大な事由が発生した場合
2．甲又は乙は、相手方が本契約又は個別契約のいずれかの条項に違反し、当該違反について催告をした後14日以内に相手方の債務不履行が是正されない場合、又は是正される見込みがない場合は、本契約及び個別契約の全部又は一部を解除することができる。ただし、当該期間を経過した時における債務の不履行が当該契約及び取引上の社会通念に照らして軽微であるときは、この限りではない。
3．甲又は乙は、第1項各号のいずれかに該当する場合又は前項に定める解

除がなされた場合、相手方に対し負担する一切の金銭債務につき相手方から通知催告がなくとも当然に期限の利益を喪失し、直ちに弁済しなければならない。

4．個別契約の一が解除された場合であっても、当該解除は、本契約及び他の個別契約に影響を及ぼさない。

第35条（損害賠償） ⇒第2編第8章

1．甲及び乙は、本契約及び個別契約の履行に関し、相手方の責めに帰すべき事由により損害を被った場合、相手方に対して、損害賠償を請求することができる。

2．本契約及び個別契約の履行に関する損害賠償の累計総額は、債務不履行（契約不適合責任を含む。）、不当利得、不法行為その他請求原因の如何にかかわらず、帰責事由の原因となった個別契約に定める報酬の金額を限度とする。

3．前項は、損害賠償義務者の故意又は重大な過失に基づく場合には適用しないものとする。

第36条（不可抗力） ⇒第2編第10章

1．天災、火災、争乱、感染症の蔓延、政府の規制・要請、並びに、甲及び乙の責めに帰すべからざる事由（以下総称して「不可抗力事由」という。）による損害又は本契約及び個別契約の不履行については、甲及び乙いずれも責任を負わないものとする。

2．不可抗力事由が発生したことにより、①本契約に定める債務の履行が不可能となった場合、②当該債務の履行を行うために著しく費用が増加する場合、甲及び乙は、協議の上、納期、契約金額その他契約内容の必要な変更を行うことができるものとする。但し、甲及び乙による協議が調わないときには、甲又は乙は、本契約又は個別契約の全部又は一部を解除することができるものとする。

3．前項の規定に従い本契約又は個別契約が解除により終了した場合、甲

は、乙に対して、既にした本件業務の履行の割合に応じた報酬を支払うものとし、乙は、甲に対して、解除時点における成果物を引き渡すものとする。

第 37 条（輸出関連法令の遵守）

甲は、乙から納入された納入物を輸出する場合には、外国為替及び外国貿易法その他輸出関連法令を遵守し、所定の手続をとるものとする。なお、米国輸出関連法等外国の輸出関連法令の適用を受け、所定の手続が必要な場合も同様とする。

第 38 条（準拠法及び合意管轄）

１．本契約及び個別契約は、日本法によって解釈されるものとする。

２．本契約及び個別契約に関し、訴訟の必要が生じた場合には、●●地方裁判所を第一審の専属的合意管轄裁判所とする。

第 39 条（協　　議）

本契約及び個別契約に定めのない事項又は疑義が生じた事項については、信義誠実の原則に従い甲乙協議し、円満に解決を図るものとする。

事 項 索 引

判 例 索 引

著 者 紹 介

[編集代表]
吉羽真一郎（よしば　しんいちろう）　担当：第1編第1章・第2章・第3章、第2編
第1章・第3章

1998年早稲田大学法学部卒業、2000年弁護士登録（第二東京弁護士会所属）。
潮見坂綜合法律事務所パートナー弁護士、「知的財産管理技能検定」技能検定委員。
知的財産に関するM＆Aやライセンシングなどの取引、及び特許権侵害、商標権侵害、
著作権侵害等の知的財産権訴訟等の紛争案件を数多く担当する。また、各種インターネッ
トサービス、システム開発及びこれに関連する紛争といったITビジネス関連の案件につ
いても、紛争案件、取引案件を問わず幅広く手掛けている。その他、訴訟／紛争、会社
法、倒産法、その他企業法務全般を手掛ける。主な著書に『著作権法コンメンタール1～
3［第2版］』（共著、勁草書房）、『債権・動産・知財担保利用の実務』（共著、新日本法
規）、『デジタルコンテンツ法の最前線』（共著、商事法務）、『初心者のための特許クレー
ムの解釈』（共著、日本加除出版）など。

高橋　元弘（たかはし　もとひろ）　担当：第2編第9章・第10章

1999年慶應義塾大学法学部法律学科卒業、2000年慶應義塾大学大学院法学研究科修士課
程（民事法学専攻）修了、2001年弁護士登録（東京弁護士会所属）。
潮見坂綜合法律事務所パートナー弁護士、「知的財産管理技能検定」技能検定委員、金沢
工業大学虎ノ門大学院知的創造システム専攻客員教授。
知的財産法及びIT関連法を専門としており、特許権侵害訴訟をはじめとする知的財産関
連訴訟、システム開発紛争やIT関連分野における訴訟を多く手掛けている。複数の大学
で講師を務めてきたほか、弁理士試験などの試験委員も歴任した。主な著書に、『商標法
コンメンタール［新版］』（共著、勁草書房）、『初心者のための特許クレームの解釈』（共
著、日本加除出版）、『特許・商標・不正競争関係訴訟の実務入門』（共著、商事法務）、
『新版ビジネス契約実務大全』（共著（「第7章　ソフトウエア開発受託契約の実務」担
当）、企業研究会）などがある。

著者紹介

河西　一実（かさい　かずみ）　担当：第2編第2章・第6章・第8章

2006年中央大学法学部卒業、2008年中央大学法科大学院修了、2009年弁護士登録（第二東京弁護士会所属）。

潮見坂綜合法律事務所パートナー弁護士。

システム開発に関する契約、紛争案件を複数担当している。システム開発に関する裁判例を分析したセミナーを行うなど、情報発信にも努めている。システム開発に関するもの以外にも、多くの紛争案件を手がけており、保全や執行手続についても造詣が深い。また、倒産法の案件にも従事しており、法的整理、私的整理を問わず、常時、複数の案件を担当している。主な著書・論文に「民事保全・民事執行・民事再生における文書」（ビジネス法務2017年2月号）など。

碓井　允揮（うすい　みつき）　担当：第2編第4章・第5章・第7章

2014年早稲田大学法学部卒業、2016年慶應義塾大学法科大学院修了、2017年弁護士登録（第二東京弁護士会所属）。

潮見坂綜合法律事務所弁護士。

特許権侵害、著作権侵害等の知的財産権訴訟／紛争、各種ライセンス契約や共同研究開発契約等の知的財産権に関する取引及び個人情報等のデータの取扱いに関する案件を主に担当する。また、システム開発に関する取引及び紛争案件についても取り扱う。その他、企業法務全般及び訴訟／紛争案件を幅広く手掛ける。主な著書に『初心者のための特許クレームの解釈』（共著、日本加除出版）、『令和2年改正　個人情報保護法の実務対応─Q＆Aと事例─』（共著、新日本法規）、『データ戦略と法律　攻めのビジネスQ＆A［改訂版］』（共著、日経BP）など。

条項解説
事例から学ぶシステム開発契約書作成の実務

2023 年 11 月 17 日　初版発行

編集代表　　吉　羽　真一郎

発　行　者　　和　田　　　裕

発行所　日本加除出版株式会社
本　　社　〒 171 - 8516
　　　　　東京都豊島区南長崎 3 丁目 16 番 6 号

組版・印刷・製本　㈱アイワード

定価はカバー等に表示してあります。
落丁本・乱丁本は当社にてお取替えいたします。
お問合せの他、ご意見・感想等がございましたら、下記まで
お知らせください。

〒 171-8516
東京都豊島区南長崎 3 丁目 16 番 6 号
日本加除出版株式会社　営業企画課
電話　　03-3953-5642
FAX　　03-3953-2061
e-mail　toiawase@kajo.co.jp
URL　　www.kajo.co.jp